教育学洪哥超能图书系列 × 云图 YUN TU

2025 333教育综合

终极预测8套卷

- 试题册 -

洪志祥 主编

彭双惠 马春晖 副主编

前言

亲爱的同学们：

你们好！

当你翻开手中这本《333 教育综合终极预测 8 套卷：试题册及解析册》（以下简称《终极预测 8 套卷》）时，就意味着考研这场“马拉松”你已经完成三分之二了，同时也意味着你正式迈入了考研的冲刺阶段。请感谢，一路走来纵使“黄沙百战穿金甲”，仍保持着“不破楼兰终不还”的决心和毅力的自己。请相信，道阻且长，行则将至；行而不辍，未来可期。

在经历了基础阶段对知识点的全面理解和强化阶段对考点主次的明确及深化理解之后，我们需要在冲刺阶段将所学知识落实到卷面上。在查漏补缺的同时，进行实战演练，以明确考试难度和考试方向，实现高效突击，这就需要一本全真模拟预测卷。《终极预测 8 套卷》是教育学洪哥超能图书系列的产品之一，与《333 教育综合冲刺必背 200 题》组成了教育硕士考研冲刺阶段备考的“王炸”组合，帮助同学们高效地进行最后的复习冲刺。

《终极预测 8 套卷》的特色之处：

（1）匹配考试要求。根据大纲，教育综合考试的题型主要是选择题、论述题和材料分析题。考试越来越倾向于开放化、灵活化，而《终极预测 8 套卷》无论是题型、难度还是考查范围都是在对大纲以及真题深度研究的基础上编订的，力求为同学们提供完全匹配考试要求的模拟练习题。

（2）预测重要考点。通过对大纲的知识内容及真题的出题风格这两方面的把握，《终极预测 8 套卷》在出题方面进一步预测了重要考点，即将重要知识以不同形式融进不同题型之中，让同学们明确重要知识的不同考查方式，以更好地应对考试的灵活性。

（3）训练开放思维。在教育综合考试中，将热点与知识结合考查是重要的考查形式，这就需要同学们在面对热点材料时能快速定位其对应的知识点，以确保在答题时对知识点的有效迁移与灵活运用。但这对于很多同学来说是一大难关。那该如何破除难关？答案是反复练习这 8 套试卷，最终做到回答相应题目时能信手拈来，轻松解决问题。

最后，希望在《终极预测 8 套卷》的帮助下，同学们的复习效果能实现质的飞跃。

洪志祥

目录

2025年333教育综合预测卷一

业务课名称：教育综合　　　　满分：150分　　　　考试时间：180分钟

考生须知：

1. 答案必须写在答题纸上，写在其他纸上无效。
2. 答题时必须使用蓝色或黑色签字笔作答，用其他笔答题不给分，不得使用涂改液。

一、单项选择题：第1~30小题，每小题2分，共60分。下列每小题给出的四个选项中，只有一个选项是最符合题目要求的。

1. “人类社会的教育是对动物界教育的继承、改善和发展。”持这种观点的学者倾向于赞成（　　）

A. 神话起源说　　B. 心理起源说　　C. 生物起源说　　D. 劳动起源说

2. 社会成员通过教育的培养、筛选和提高，能够在不同的社会区域、社会层次、职业岗位、科层组织之间转换、调整和变动，以充分发挥其智慧和才能，实现其人生价值。这体现的教育的功能是（　　）

A. 社会流动功能　　B. 社会改造功能　　C. 文化传递功能　　D. 人口控制功能

3. 在儿童的心理发展中，时间知觉和空间知觉的发展要比数概念的形成稍晚一些，至于高级形式的判断、推理等逻辑思维能力的发展则更晚一些。这反映人的身心发展具有（　　）

A. 顺序性　　B. 不平衡性　　C. 差异性　　D. 阶段性

4.《学会生存——教育世界的今天和明天》深刻地指出：“他越是忠实于他自己，他越是紧密地遵循他的天性法则和他自己的事业，他就会越接近于人类的共同事业，此外还能更好地与别人交往。”这说明（　　）

A. 个性发展包含了社会性发展，每个人的发展必然带来整个社会的发展

B. 个性是道德、体力、智力、审美意识、敏感性、精神价值等品质的综合，是一种“复合体”

C. 尽管个性发展离不开与他人的交往，但个性首先具有内在的独立性

D. 个性发展是一个无止境的完善过程

5. 社会学家白尔格门认为：“教育除造就每个人，使其乐于为社会而生活，并乐于奉献其最优力量于人类生活的保存和改善以外，不能有别的目的。”这说明他所持的教育目的观是（　　）

A. 个人本位论　　B. 社会本位论　　C. 教育适应生活说　　D. 教育准备生活说

6.《基础教育课程改革纲要（试行）》规定，我国普通高中阶段的课程设置方式是（　　）

A. 以分科课程为主　　B. 以综合课程为主

C. 分科课程和综合课程相结合　　D. 活动课程和学科课程相结合

7. 无论是学校管理者的领导方式，还是教师的工作方式，都会对学生的知识、情感、意志、行为和价值观等方面产生一定的影响。这反映的课程类型是（　　）

A. 学科课程　　B. 核心课程　　C. 隐性课程　　D. 活动课程

8. 泰勒在《课程与教学的基本原理》一书中提出了课程开发的“目标模式”。这一模式的主要局限是（　　）

A. 课程编制的程序不清晰　　B. 过分强调预设性目标

C. 缺乏逻辑性、系统性　　D. 不重视对课程的评价

9. 教学设计的基本特征之一是它既关心“教”，又关心“学”。教是为了学，学是教的依据和出发点，教师的教必须通过学生积极主动的学才能起到有效作用。这说明在进行教学设计时需要考虑（　　）

A. 系统科学的原理与方法　　B. 现代教学理论

C. 教师的教学经验　　D. 学生的需要和特点

10. 项老师经常自我反思：“这些内容是学生需要的吗？学生能接受这种教学方式吗？”这表明项老师所处的教师专业发展阶段是（　　）

A.“虚拟关注”阶段　　B.“生存关注”阶段

C.“自我更新关注”阶段　　D.“任务关注”阶段

11. 先确定预期的学习结果，再确定合适的评估证据，最后设计学习体验和教学的教学设计模式是（　　）

A. 问题教学模式　　B. 逆向设计教学模式

C. 项目探究教学模式　　D. 非指导性教学模式

12. 由于一定地区的教育条件和经济条件落后而产生的，有利于这些地区教育普及的教学组织形式是（　　）

A. 现场教学　　B. 混合教学　　C. 分组教学　　D. 复式教学

13. 我国奴隶社会学校教育的主要内容是“六艺”，封建社会学校教育的主要内容是“四书”“五经”。这体现了我国古代教育的特征是（　　）

A. 教育具有鲜明的阶级性　　B. 教育具有严格的等级性

C. 教育与生产劳动相分离　　D. 教育较多崇尚呆读死记

14. 教师在教授“敬畏自然”一课时，利用多媒体手段播放美好大自然的图片，让学生感受大自然的杰作。同时，播放环境恶化的图片，让学生深深感受到爱护大自然、爱护身边环境的重要性。从德育途径上说，教师的做法属于（　　）

A. 管理育人　　B. 教学育人　　C. 活动原则　　D. 环境育人

15. 自 20 世纪 60 年代以来，终身教育作为一种最有影响力的教育思潮引起世界各国的关注。以下关于它的特征描述错误的是（　　）

A. 终身教育既包括正规教育，也包括非正规教育

B. 终身教育与拔尖主义的教育相反，具有普遍性

C. 终身教育在横向方面寻求教育的连续性和一贯性

D. 终身教育以“生活”“终身”“教育”三个基本术语为基础

16. 我国历史上最早将“教”与“育”二字连起来使用的教育家是（　　）

A. 孔子　　B. 孟子　　C. 荀子　　D. 墨子

17. 在儿童语言学习的问题上，颜之推认为应该（　　）

A. 重视学习普通话　　B. 重视学习本地方言

C. 重视学习通用语言　　D. 尽可能掌握多种方言

18. 隋唐科举考试选官的标准发生根本性的大变化：“国家以礼部为考秀之门，考文章于甲乙，故天下响应，驱驰于才艺，不务于德行……致有朝登科甲，而夕陷刑辟，制法守度使之然也。”这反映了隋唐科举考试的选官标准是（　　）

A. 出身门第　　B. 道德品质　　C. 文艺才能　　D. 管理才能

19. 清朝的地方官学形式多样，数量繁多。以下关于它的说法错误的是（　　）

A. 卫学是设立在地方的医学教育机构

B. 社学始于元朝，是设在乡镇地区最基层的一种地方官学

C. 井学是设在云南边疆地区的学校

D. 义学是孤贫生童或苗、黎、瑶等族子弟秀异者接受教育的机构

20. 全面抗日战争爆发后，国民政府制定了“抗战建国”的基本国策，实行“战时须作平时看”的教育指导方针，并采取了一系列教育措施。其中在中等教育阶段采取的主要措施是（　　）

A. 设置国立中学　　B. 学校迁移　　C. 安置失学青年　　D. 实施战区教育

21. 下列不符合东方文明古国教育特点的是（　　）

A. 教育机构种类繁多

B. 知识常常成为统治阶级的专利，故教师的地位较高

C. 教育具有民主性，人人享有平等的受教育的机会和权利

D. 文明及文化教育甚为古老，源远而不流长

22. 宗教改革对欧洲教育发展的影响具体表现在（　　）

A. 教育管理的国家化　　B. 教育内容的古典化

C. 教学语言的统一化　　D. 教学目的的单一化

23. 关于美国公立学校运动，以下表述错误的是（　　）

A. 建立了以各州为主的教育领导体制　　B. 确立了征收教育税制度

C. 促进了师范教育的兴起　　D. 赫尔巴特教学法得到推广

24. 卢梭在《爱弥儿》中表示，自然教育的最终培养目标是培养自然人。“自然人”具备的特征不包括（　　）

A. 自然人是独立自主的人，他能独自体现自己的价值

B. 自然人是高等级的人，是社会合格的统治者

C. 自然人是无所不宜、无所不能的自由的人

D. 自然人是自食其力的人

25. 关于课程与教学内容，永恒主义教育家主张（　　）

A. 编制实施以社会问题为中心的学校课程

B. 以人类文化遗产的共同要素作为学校课程的核心

C. 永恒的古典学科应该在学校课程体系中占据中心地位

D. 学校课程内容应贯穿渗透基督教精神

26. 根据艾里克森的心理社会发展理论，小学阶段儿童的主要发展任务是（　　）

A. 获得自主感，克服羞怯感，体验意志的实现

B. 获得主动感，克服内疚感，体验目的的实现

C. 获得勤奋感，克服自卑感，体验能力的实现

D. 获得同一感，克服混乱感，体验忠诚的实现

27. 当学生改正了不认真完成作业的行为后，老师取消了罚站。这种做法属于（　　）

A. 正强化　　B. 正惩罚　　C. 负强化　　D. 负惩罚

28. 无论是文字配上插图，还是图片配上文字，都有助于学习者回忆相关的内容。从信息加工角度看，这主要是因为（　　）

A. 进行了有意义编码　　B. 扩展了工作记忆容量

C. 使用了双重编码　　D. 形成了信息组块

29. 有些学生在适度紧张的状态下能够取得最好的考试成绩，但如果太紧张或太放松，成绩反而会下降。这体现的是（　　）

A. 耶克斯－多德森定律　　B. 皮格马利翁效应

C. 罗森塔尔效应　　D. 晕轮效应

30. 个体能正确建构自我，知道如何利用这些意识察觉做出适当的行为，并规划、引导自己的人生。这种能力属于加德纳多元智力理论中的（　　）

A. 人际智能　　B. 语言智能　　C. 空间智能　　D. 内省智能

二、论述题：第 31~32 小题，每小题 15 分，共 30 分。

31. 随着短视频的兴起，越来越多的人沉迷于短视频的世界，导致深度阅读和思考的能力下降。对此，请阐述“朱子读书法”的具体内容及现实意义。

32. 论述中世纪大学产生的背景、特征和意义。

三、材料分析题：第 33~36 小题，每小题 15 分，共 60 分。

33. 阅读下列材料，并按要求回答问题。

教师是教育强国的基础要素和关键。习近平总书记在第三十九个教师节到来之际致信全国优秀教师代表，号召全国广大教师以教育家为榜样，大力弘扬教育家精神，并深刻阐释了新时代中国特有的教育家精神的丰富内涵和深刻意义。当前世界处于急剧变革的大时代，第四次技术革命引领产业变革日新月异，教育、科技和人才竞争日益激烈，中国式现代化进程中教育强国建设面临新的机遇和挑战。建设高质量教育体系，呼唤教育家不断涌现。这是一个造就教育家的时代，也是必然会产生教育家的时代。

请回答：

（1）阐述教师职业的作用。（3 分）

（2）阐述弘扬教育家精神的时代意义。（6 分）

（3）阐述当代教师应如何践行教育家精神。（6 分）

34. 阅读下列材料，并按要求回答问题。

在2~7岁，儿童的思维存在自我中心的特点。比如，在儿童群体中，每个儿童都热情地谈论着，但没有任何实际的相互作用或交谈。

请回答：

（1）材料中的现象是什么？根据皮亚杰的认知发展阶段理论，材料中的儿童认知发展处在什么阶段？该阶段的儿童认知发展有哪些特点？（10分）

（2）根据皮亚杰的认知发展阶段理论，谈谈应该如何开展教育。（5分）

35. 分析下述案例，并按要求回答问题。

有一次，笔者去外地参加教研活动，观摩一位老师教授四年级的“设计租车方案”一课。那节课设计得十分精巧，视角很独特，给我不少启发。整节课进展得非常“顺畅”，全程老师没出一个错，学生也一个错没有。

下课后，我私下里问一名男孩：“这节课，你们学过了吗？”那男孩仰头看着我，眼睛里充满着不理解，小声地回答道：“这是第三遍！”那神情似乎在说：“这您还不知道吗！都是这样啊。”

一节课，全班学生没有一个差错，我们首先要怀疑这节课的真实性：“是不是第一次讲？是不是作秀？”有人可能要说了：“如果一节课上学生没有一个错，而且确实是第一遍讲，不是第二遍、第三遍，那又怎么样呢？”如果一节课上学生没有一个错，那请问这样的课还有上的必要吗？可能教学内容已经存在于学生“已有发展区内”；可能是没有面向全体学生，只是几个优秀学生在表演——不是没有差错，而是学生的差错没有暴露出来……如果学生对学习内容的了解在出教室时和进教室时是一样的，我们就应该质疑这节课的有效性与价值。

因此，不管是从课堂教学的真实性上审视，还是从课堂教学的有效性上考察，我们要说：“课堂无错要不得！”我自己上课和听课时，就特别关注课堂上有没有学生真实的差错，出现差错后教师该如何应对。

请回答：

（1）结合案例，阐述你对课堂差错的认识。（5分）

（2）论述实现课堂差错资源化需遵循的原则。（5分）

（3）分析教学内容设计的基本要求。（5分）

36. 分析下述案例，并按要求回答问题。

4岁的汤姆和他的母亲一起玩拼图。

汤姆：这个我放不进去。（试着将一块拼图放在一个错误的地方。）

母亲：哪一块可以放在这？（指着拼图。）

汤姆：他的鞋子。（寻找与小丑的鞋子相似的一块，但是尝试错误。）

母亲：好，哪一块看起来像这个形状？（再一次指向拼图。）

汤姆：棕色的那块。（试一下，正好，然后试另一块，并看着他的母亲。）

母亲：试着稍稍转动一下。（给他做手势。）

汤姆：我知道了，在那儿。（放入更多块拼图，母亲看着。）

请回答：

（1）本案例体现了教学和发展的关系中的哪一重要概念？试解释这一概念，并根据这一概念，论述教学和发展之间有怎样的关系。（9 分）

（2）论述维果茨基的理论在教育中有哪些应用？（6 分）

2025年333教育综合预测卷二

业务课名称：教育综合　　满分：150分　　考试时间：180分钟

考生须知：

1. 答案必须写在答题纸上，写在其他纸上无效。
2. 答题时必须使用蓝色或黑色签字笔作答，用其他笔答题不给分，不得使用涂改液。

一、单项选择题：第1~30小题，每小题2分，共60分。下列每小题给出的四个选项中，只有一个选项是最符合题目要求的。

1. 所谓“鸡娃”，通俗地讲，就是父母为了让孩子考出好成绩、考上好学校，不断给孩子“打鸡血”，激励孩子参加各种培训班、学习各种技能，不停地让孩子去拼搏的行为。根据谢弗勒关于教育定义的分类，以上界定属于（　　）

A. 描述性定义　　B. 规定性定义　　C. 纲领性定义　　D. 隐喻性定义

2. 教育与社会的政治、经济和生产力的发展，并非完全同步。这种不同步主要表现在两个方面：一是滞后性，二是超前性。这反映了教育具有（　　）

A. 继承性　　B. 相对独立性　　C. 永恒性　　D. 生产性

3. 弗洛伊德认为人的性本能是最基本的自然本能，它是推动人发展的潜在的、无意识的、最根本的动因。这说明他所持有的个体身心发展的观点是（　　）

A. 内发论　　B. 外铄论　　C. 辐合论　　D. 多因素相互作用论

4. 义务教育要在坚定理想信念、厚植爱国主义情怀、加强品德修养、增长知识见识、培养奋斗精神、增强综合素质上下功夫，使学生有理想、有本领、有担当，成为德智体美劳全面发展的社会主义建设者和接班人。这属于（　　）

A. 教育目的　　B. 教育方针　　C. 培养目标　　D. 课程目标

5. 现代心理学、教育学、脑科学的研究表明：一般人在6岁时大脑的重量已达到成人的90%左右，余下的10%是在这之后的十年中长成的，所以把儿童的入学年龄规定为6岁是合理的。这表明学制的确立要依据（　　）

A. 社会生产力和科技发展水平　　B. 社会政治经济制度

C. 人的身心发展规律　　D. 社会优秀文化传统

6.《义务教育课程方案和课程标准（2022 年版）》提出义务教育课程应变革育人方式，突出实践。为此倡导（　　）

A. 做中学、用中学、创中学　　B. 做中学、用中学、思中学

C. 用中学、创中学、思中学　　D. 做中学、思中学、创中学

7. 根据美国学者古德莱德所归纳的五种不同课程，下列属于课程计划阶段的是（　　）

A. 领悟的课程　　B. 理想的课程　　C. 实行的课程　　D. 经验的课程

8. 语文老师在写作课结束后，给学生布置了写一篇议论文的作业。根据布卢姆的教育目标分类学，该作业在认知领域目标的分类中属于（　　）

A. 理解　　B. 分析　　C. 评价　　D. 创造

9. 从世界主要国家过去十多年课程变革的实践中可以发现，为保证学生有效地获得知识、技能和能力，课程从内容本位转向内容本位与能力本位的多样化结合。这属于课程改革哪一方面的变化？（　　）

A. 课程目标　　B. 课程评价　　C. 课程实施　　D. 课程结构

10. 主张教学目标的具体化，对学习环境的设置、课程材料的设计和学生行为的管理做出系统安排的教学理论流派是（　　）

A. 行为主义教学理论　　B. 认知主义教学理论

C. 人本主义教学理论　　D. 社会互动教学理论

11.“语知而不知，虽舍之而可也”体现的教学原则是（　　）

A. 直观性原则　　B. 启发性原则　　C. 量力性原则　　D. 系统性原则

12. 某学校举行辩论专题活动。在辩论赛中，教师从语言表达、逻辑思维、临场应变等角度对参赛者进行即时评价。这属于（　　）

A. 诊断性评价　　B. 表现性评价　　C. 终结性评价　　D. 相对性评价

13. 子曰：“三人行，必有我师焉。择其善者而从之，其不善者而改之。”这反映的德育方法是（　　）

A. 说服教育法　　B. 情感陶冶法　　C. 实践锻炼法　　D. 自我教育法

14.“人的活动是社会及其全部价值存在与发展的本源，是人的生命以及作为个性的发展与形成的源泉。教育学离开了活动问题就不可能解决任何一项教育、教学、发展的任务。”这体现了教育要促进人的发展，就必须（　　）

A. 遵循个体的身心发展规律　　B. 符合社会发展的方向和要求

C. 有效地组织教育活动　　D. 发挥教师的引导作用，培养学生的能动性

15.“教学有法，教无定法”反映了教师的劳动具有（　　）

A. 创造性　　B. 示范性　　C. 复杂性　　D. 专业性

16.“设为庠序学校以教之。庠者，养也；校者，教也；序者，射也。夏曰校，殷曰序，周曰庠，学则三代共之，皆所以明人伦也。人伦明于上，小民亲于下。”这一观点出自（　　）

A.《孟子·滕文公上》　　B.《荀子·非相》

C.《礼记·王制》　　D.《礼记章句·学记》

17. 重视教育内容的多样性，提倡众学百家之长的教育家不包括（　　）

A. 王充　　B. 颜之推　　C. 董仲舒　　D. 颜元

18. 学田作为一种制度被确定下来，实际始于的朝代是（　　）

A. 唐朝　　B. 宋朝　　C. 明朝　　D. 清朝

19.“熙宁兴学”的主持者是（　　）

A. 王安石　　B. 范仲淹　　C. 朱熹　　D. 蔡京

20. 1927年，国民政府仿照法国教育行政制度，在中央设立中华民国大学院主管全国教育，在地方试行大学区。其中，大学区的最高审议机构是（　　）

A. 委员会　　B. 评委会　　C. 评议会　　D. 教授会

21. 下列有关古代希伯来学校教育实践的表述，正确的是（　　）

A. 教师教儿童学习《塔木德》时鼓励儿童发问

B. 教师经常体罚学生以提高学习《吠陀》经的效果

C. 儿童在文士学校跟随教师在纸草上练习书写

D. 儿童在泥板书舍中练习楔形文字的书写

22.《理想国》中教育的最高目标是培养哲学家兼政治家——（　　）

A. 哲学王　　B. 政治王　　C. 理想王　　D. 教育王

23. 下列表述符合西欧中世纪时期城市学校特征的是（　　）

A. 培养从事手工业、商业的职业人才

B. 课程一开始并不固定，后趋于统一，应社会需求分为文、法、神、医四科进行学习

C. 经考试合格，可得“硕士”“博士”学位

D. 培养封建统治阶级的保卫者

24. 1963年，英国颁布教育改革法案《罗宾斯报告》，探讨了高等教育如何为社会服务这一重大问题，提出了著名的“罗宾斯原则”。其中“罗宾斯原则”的含义是（　　）

A. 改革国立大学性质，使其从政府直接下属的机构转变成具有法人资格的独立机构

B. 为所有在能力和成绩方面合格的，并愿意接受高等教育的人提供高等教育课程

C. 废除高等教育的“双重制”，构建统一化的高等教育体制

D. 建立由个人高等教育、职前教育专业训练、在职进修构成的“师资培训三段法”

25. 美国进步教育运动时期，提出学校废除课堂教学、课程表和年级制，代之以“公约”或合同式的学习的教学改革实验是（　　）

A. 葛雷制　　B. 文纳特卡制　　C. 道尔顿制　　D. 昆西教学法

26. 幼儿往往认为鸟都是会飞的，因此当他们看到鸵鸟时，就坚持认为鸵鸟也会飞。这种构建知识的方式是（　　）

A. 图式　　B. 同化　　C. 顺应　　D. 平衡

27. 强调复杂情境和真实学习任务，认为学习任务是在真实的实践活动中通过各成员的沟通交流和共同分享学习资源完成的。这种学习理论派别是（　　）

A. 行为主义理论　　B. 认知理论　　C. 建构主义理论　　D. 人本主义理论

28. 张岚在篮球课上学会了三步上篮。根据加涅的学习结果分类，这里发生的学习是（　　）

A. 言语信息　　B. 态度　　C. 动作技能　　D. 智慧技能

29. 小高对某个数学问题百思不得其解，于是他将问题暂时搁置一旁去散步，再回想时恍然大悟。这一心理现象称为（　　）

A. 高原现象　　B. 思维定势　　C. 酝酿效应　　D. 功能固着

30. 在一个小学班级里，老师注意到有些学生在集体活动中经常争抢玩具。于是老师组织了一个角色扮演游戏，让学生分别扮演不同的角色。在游戏中，争抢别人玩具的学生要扮演不同的角色，并描述他们的感受和想法，比如：“当别人拿走我的玩具时，我感到非常生气。”这种培养学生良好品德的方法是（　　）

A. 移情训练　　B. 道德概念分析　　C. 价值澄清　　D. 奖惩控制

二、论述题：第31~32小题，每小题15分，共30分。

31. 宋朝的科举制度，在沿袭唐制的基础上，又根据宋朝社会的实际情况有许多新的变化和发展。相较于唐朝，宋朝科举制度有哪些具体变化？

32. 论述文艺复兴时期人文主义教育的基本特征。

三、材料分析题：第33~36小题，每小题15分，共60分。

33. 阅读下列材料，并按要求回答问题。

随着信息技术的飞速发展，数字化转型已深刻影响到各行各业。教育领域的数字化转型，旨在通过数字技术的全面应用，实现教育质量的显著提升、教育公平的深度推进及创新人才的系统培养。这一转型涉及政府、学校、教师、学生及家长等多方主体，面临多重挑战。当下，必须认识到教育数字化转型是一个漫长且复杂的系统性工程，只有深入理解这一点，才能提出切实可行的解决方案和实施建议，共同推动教育强国建设。

请回答：

（1）阐述数字化时代教育的变革。（3分）

（2）分析数字化时代教育可能面临的挑战。（6分）

（3）如何推动教育领域的数字化转型？（6分）

34. 阅读下列材料，并按要求回答问题。

实验一：实验人员首先让儿童观察成人榜样对一个充气娃娃拳打脚踢，然后把儿童带到一个放有充气娃娃的实验室，让其自由活动，并观察他们的行为表现。结果发现，儿童在实验室里对充气娃娃也会拳打脚踢。

实验二：对实验一的实验做了进一步的延伸。实验人员把儿童分为三组，首先让儿童看电影中成人榜样的攻击性行为。在影片结束后，第一组儿童看到成人被表扬，第二组儿童看到成人被批评，第三组儿童看到成人既不被表扬也不被批评。然后，把三组儿童都带到一间游戏室，里面有成人榜样攻击过的对象。结果发现，第一组儿童的攻击性行为最多，第二组最少，第三组居中。

实验三：实验人员猜想这是否表示第一组儿童习得了攻击性行为，而第二组的儿童没有习得。为此，他们又以提供糖果作为奖励，让儿童尽可能回忆刚才成人榜样是怎么做的，并表现出来。结果发现，三组儿童的攻击性行为几乎一致。

请回答：

（1）上述实验体现了行为主义的哪一学习理论？试解释此种学习。（5分）

（2）试论述此种学习的基本过程与条件。（4分）

（3）根据这一理论，谈谈应该如何开展教育。（6分）

35. 分析下述案例，并按要求回答问题。

新课改倡导自主、合作、探究学习。在某节语文课上，肖老师按照课堂教学的设置进行小组合作学习，但是学生的表现令他大吃一惊。在讨论时，大家相互推诿，并没有真正地讨论；

有些小组在不断地分工，几分钟过去了，仍然没有确定各成员的任务。因此，这节课并没有开展实质意义上的小组合作学习。

请回答：

（1）分析小组合作学习的积极意义。（4分）

（2）阐述小组合作学习有效开展的条件。（5分）

（3）在教学中，教师应如何引导学生开展小组合作学习。（6分）

36. 分析下述案例，并按要求回答问题。

学生在学习物理时学习了“平衡”的概念，就会对以后学习化学平衡、生态平衡、经济平衡、心理平衡产生影响。

请回答：

（1）上述案例描述的是学习中的迁移现象。学习的迁移是一种学习对另一种学习的影响。结合迁移的分类，谈谈学习间可能会产生怎样的影响。（8分）

（2）影响学习迁移的因素有哪些？（7分）

2025年333教育综合预测卷三

业务课名称：教育综合	满分：150分	考试时间：180分钟

考生须知：

1. 答案必须写在答题纸上，写在其他纸上无效。
2. 答题时必须使用蓝色或黑色签字笔作答，用其他笔答题不给分，不得使用涂改液。

一、单项选择题：第1~30小题，每小题2分，共60分。下列每小题给出的四个选项中，只有一个选项是最符合题目要求的。

1. “既然教育必须比较接近于生活，因而有一些人就建议干脆禁止办学。”出现这种观点的原因在于（　　）

A. 学校教育的过度发展　　B. 终身教育的影响

C. 制度化教育的弊端　　D. 非正规教育的弊端

2. 随着“一带一路”机制的共建，许多沿线国家的留学生来我国留学，并把中国优秀文化带回自己的国家。这反映了教育具有（　　）

A. 文化保存功能　　B. 文化创造功能　　C. 文化选择功能　　D. 文化传播功能

3. 关于影响人的身心发展的各项因素，与下列俗语相对应的是（　　）

①虎父无犬子

②蓬生麻中，不扶自直；白沙在涅，与之俱黑

A. 教育、遗传　　B. 遗传、环境

C. 主观能动性、环境　　D. 遗传、主观能动性

4. 第一次工业革命要求劳动者具有小学文化程度，第二次工业革命要求劳动者具有初级中学文化程度，第三次工业革命要求劳动者具有高级中学文化程度。这说明人才培养的类型和规格受哪种因素的制约？（　　）

A. 社会政治制度　　B. 社会文化传统　　C. 社会生产力水平　　D. 社会交往范围

5. 根据《中华人民共和国职业教育法》，职业教育是指为了培养高素质技术技能人才，使受教育者具备从事某种职业或者实现职业发展所需要的职业道德、科学文化与专业知识、技术技能等职业综合素质和行动能力而实施的教育。以下关于职业教育的说法，错误的是（　　）

A. 职业教育是人力资源开发的重要组成部分

B. 职业教育是国民教育体系的重要组成部分

C. 职业教育是与普通教育具有同等重要地位的教育类型

D. 职业教育主要是职业学校教育，不包括职业培训

6. 有学者认为，课程乃是实现未来社会变化的运载工具。该学者的观点源自（　　）

A. 经验主义课程论　　B. 学科中心课程论

C. 社会改造主义课程论　　D. 存在主义课程论

7. 关于课程的三个重要载体，下列说法正确的是（　　）

A. 课程计划规定了本门课程的性质、目标

B. 教科书是课程计划和课程标准的具体化

C. 课程标准包括课程重难点、时间分配等内容

D. 课程方案是课程标准的具体化

8. 强调要用明确的、具体的行为方式来陈述目标的课程评价模式是（　　）

A. 目标评价模式　　B. 目标游离评价模式

C. CIPP 评价模式　　D. 应答评价模式

9. 在吴老师的历史课堂上，一场别开生面的古罗马版“今日说法”正在上演。学生们身穿自己设计的袍子，袍子的不同颜色象征古罗马社会中不同的阶层身份，学生们摇身一变，化身为千年前古罗马的法官、奴隶主和平民。这反映了吴老师在教学设计上注重运用（　　）

A. 自学辅导法　　B. 情境模拟法　　C. 探究教学法　　D. 实习法

10. 教学过程是一种特殊的认识过程，以下不属于其特殊性表现的是（　　）

A. 认识对象的间接性和概括性　　B. 认识方式的简捷性和高效性

C. 认识主体的不成熟性和发展性　　D. 认识活动的自主性和交往性

11. 把学生按照智力的高、中、低或成绩好、中、差分为平行 A、B、C 若干组，对不同的组授以不同的课业。这种分组属于（　　）

A. 外部分组　　B. 内部分组　　C. 学科能力分组　　D. 作业分组

12. 一个顽皮的孩子偶然把手伸到火苗上，手被灼伤，由此获得了有关火的知识。这不能被称为教育，原因在于其忽视了教育的（　　）

A. 实践性　　B. 动力性　　C. 社会性　　D. 目的性

13. 课程知识不是一件产品或事件，而是一个不断前进的过程。持这种观点的学者倾向于赞成课程实施的（　　）

A. 忠实取向　　B. 创生取向　　C. 相互调适取向　　D. 社会问题取向

14. 明确提出反对在道德教育中运用高度理性化的方法，强调情感的沟通在道德培养过程中的作用。拥护这一主张的德育模式是（　　）

A. 道德认知发展模式　　B. 社会学习模式
C. 体谅模式　　D. 价值澄清模式

15.《学会生存——教育世界的今天和明天》指出：人类生下来就是“早熟的”。他带着一堆潜能来到这个世界。这些潜能可能半途流产，也可能在一些有利的或不利的生存条件下成熟起来……所以从本质上讲，（　　）

A. 学生是具有主体性的人　　B. 学生是受教育的对象
C. 学生是独立性的个体　　D. 学生是具有能动性的人

16. 下列选项中，对于稷下学宫的性质及特点表述错误的是（　　）

A. 稷下学宫是一个事实上的咨政议政机构
B. 稷下学宫制定了我国第一个学生守则，对学生的入学要求、学习内容等进行了严格的规定
C. 稷下学宫是一所由“官私合营”的特殊形式的学校
D. 在稷下学宫的各家各派，其学术地位是平等的

17. 在中国教育史上，明确地提出教育应培养创造性的学术理论人才的教育家是（　　）

A. 孔子　　B. 墨子　　C. 王充　　D. 蔡元培

18.《论语》《孟子》《大学》《中庸》这四部作品被合称为“四书”。其中列于“四书”之首的是（　　）

A.《论语》　　B.《孟子》　　C.《大学》　　D.《中庸》

19. 抗战时期，国立北京大学、国立清华大学、私立南开大学辗转长沙，迁往昆明，组成了（　　）

A. 国立西南联合大学　　B. 国立西北联合大学
C. 国立北平大学　　D. 国立北平师范大学

20. 下列传统识字教材按照编写时间的先后顺序排列的是（　　）

A.《史籀篇》《仓颉篇》《急就篇》《千字文》
B.《仓颉篇》《史籀篇》《急就篇》《千字文》
C.《仓颉篇》《史籀篇》《千字文》《急就篇》
D.《急就篇》《仓颉篇》《史籀篇》《千字文》

21. 古代两河流域的泥板书舍中，教师被称为（　　）

A.“拉比”　　B.“古儒”　　C.“大儒”　　D.“专家”

22. 最关心道德问题和政治问题，把系统的道德知识和政治知识作为主要的教育内容，提供了新型教育——政治家或统治者的预备教育的是（　　）

A. 苏格拉底　　B. 柏拉图　　C. “智者派”　　D. 伊壁鸠鲁

23. 确立了法国高等教育“自主自治、民主参与、多科性结构”三条办学原则的教育法案是（　　）

A.《大学令》　　B.《帝国大学令》

C.《高等教育法》　　D.《高等教育方向指导法》

24. 福禄培尔设计了一套供儿童使用的教学用品，认为它的教育价值在于帮助儿童认识自然及其内在规律。这套教学用品是（　　）

A. 作业　　B. 工作　　C. 游戏　　D. 恩物

25. 关于赫尔巴特的兴趣观，以下表述错误的是（　　）

A. 兴趣是统觉的前提条件

B. 兴趣具有道德的力量

C. 赫尔巴特把兴趣活动划分为四个阶段：注意、期待、要求和行动

D. 赫尔巴特的教育以儿童的兴趣为中心

26. 在“海因兹偷药”的故事中，某学生认为海因兹不该偷药，因为偷药是违反法律的行为，他应该被送进监狱。根据科尔伯格的道德发展阶段理论，该学生的道德判断处于（　　）

A. 惩罚和服从的定向阶段　　B. 工具性的相对主义定向阶段

C. 维护权威或秩序的定向阶段　　D. 社会契约的定向阶段

27. 某同学在碰到问题时倾向于深思熟虑，用充足的时间考虑、审视问题，权衡解决问题的各种方法，然后从中选择一个满足多种条件的最佳方案。这位同学的认知方式是（　　）

A. 场独立型　　B. 场依存型　　C. 冲动型　　D. 沉思型

28. 姜老师对课堂上个别喜欢扮鬼脸的学生，采取故意不理会的做法。这种做法属于（　　）

A. 强化　　B. 逃避　　C. 惩罚　　D. 消退

29. 体现“身教重于言教”思想的学习理论派别是（　　）

A. 社会（观察）学习理论　　B. 操作条件反射理论

C. 认知学习理论　　D. 人本主义学习理论

30. 马斯洛将人的基本需要分为缺失性需要和成长性需要两大类。下列选项中属于成长性需要的是（　　）

A. 求知和理解的需要　　B. 安全的需要

C. 归属与爱的需要　　D. 尊重的需要

二、论述题：第 31~32 小题，每小题 15 分，共 30 分。

31. 北京大学的前身京师大学堂是一所充满封建官僚习气的学校，为此蔡元培对北京大学进行了全面改革。为了“抱定宗旨，改变校风”，蔡元培采取了哪些措施？

32. 试论述第二次世界大战后英国高等教育改革概况。

三、材料分析题：第 33~36 小题，每小题 15 分，共 60 分。

33. 阅读下列材料，并按要求回答问题。

论者 A：努力使自己持续不断地生存，这是生活的本性。因为生活的延续只能通过持久的更新才能达到，所以生活便是一个自我更新的过程。教育和社会生活的关系，正如营养和生殖、生理的关系。

论者 B：怎样生活是我们的主要问题，如怎样对待身体、怎么培养儿童的心智、怎样处理事务、怎样带好儿女、怎样做好公民、怎样利用自然资源等。因此，怎样帮助儿童去过完美的生活？这既是我们需要学的大事，当然也是教育应当教的大事。

请回答：

（1）结合教育目的的相关理论，阐述材料中两位论者的教育目的观。（6 分）

（2）评析材料中两位论者的教育目的观。（3 分）

（3）论述材料中两位论者的观点对我国教育改革的借鉴意义。（6 分）

34. 阅读下列材料，并按要求回答问题。

小林是一位小学三年级的学生，最近他开始学习骑自行车。正式开始学习之前，小林的父母先给他讲解了一些基本的安全知识和自行车的基本构造，并说明了常走路段的路况。接下来，父亲亲自演示了如何启动自行车、如何保持身体的平衡、如何转弯以及如何停车。父亲一边示范，一边讲解保持平衡的技巧。

请回答：

（1）结合技能相关知识，分析骑自行车属于什么技能？这种技能有何特点？（5 分）

（2）材料中描述的是小林学习自行车的指导与示范阶段。结合材料分析该阶段的要求。（10 分）

35. 分析下述案例，并按要求回答问题。

课后，教师给学生布置的家庭作业是让学生回家制作手工，要求学生留意制作手工的过程和感受，给写作积累真实的素材。没想到的是，一位学生的家长气势汹汹地来到办公室和教师理论："为什么我家孩子回家不做作业，就知道玩？"教师并没有生气，而是耐心地和这位家长解释："您的心情我可以理解，但是请您先看一下这篇作文可以吗？"这篇作文的大致内容是：我好不容易做成的手工，自己很是满意，没想到被爸爸看见了，他把我的"作品"摔个粉碎，还骂我不好好学习，就知道不务正业……看完这篇作文之后，学生家长给教师道歉了。

请回答：

（1）评析案例中教师与家长沟通的做法。（5 分）

（2）阐述家校合作应遵循的基本要求。（5 分）

（3）阐述健全学校家庭社会协同育人机制的路径。（5 分）

36. 分析下述案例，并按要求回答问题。

甲同学在进行记忆的时候喜欢用首字联词、谐音等记忆方法，也会了解知识之间的逻辑和背景。

乙同学会在学习开始前根据学习的目标计划各种活动并预计结果，以选择合适的学习方法。在学习过程中，他总会根据自己的学习情况、进度、自身状况对学习进行调整，以更好地提高学习效率。

丙同学在学习过程中喜欢安排好自己的学习时间、选择合适的学习环境、调整心境，在遇到问题时也会及时寻求同学和老师的帮助。

请回答：

（1）案例中这三位同学在学习中分别运用了什么学习策略？（9 分）

（2）谈谈掌握学习策略对于学生学习的意义。（6 分）

2025年333教育综合预测卷四

业务课名称：教育综合	满分：150分	考试时间：180分钟

考生须知：

1. 答案必须写在答题纸上，写在其他纸上无效。
2. 答题时必须使用蓝色或黑色签字笔作答，用其他笔答题不给分，不得使用涂改液。

一、单项选择题：第1~30小题，每小题2分，共60分。下列每小题给出的四个选项中，只有一个选项是最符合题目要求的。

1. 家庭作为一种基本的社会单位，承担了大量的教育任务。下列关于家庭教育的特征，说法错误的是（　　）

   A. 家庭教育的实施是非制度化的　　B. 家庭教育的内容是不确定的

   C. 家庭教育具有规范化和程序化的特点　　D. 家庭教育没有统一的、固定的目标和目的

2. 主张教育的主要作用在于释放信号，从而造成买卖文凭现象的理论是（　　）

   A. 人力资本理论　　B. 筛选假设理论　　C. 劳动力市场理论　　D. 再生产理论

3. “狼孩”“熊孩”与在隔离情况下长大的孩子一样，因为脱离人的生活环境，尽管有健全的躯体，却没有人的思维、意识和行为方式。这充分说明了教育具有（　　）

   A. 个体社会化功能　　B. 个体个性化功能　　C. 个体享用功能　　D. 个体谋生功能

4. 马克思主义关于人的全面发展学说具有丰富的内涵，下列说法有误的是（　　）

   A. 人的全面发展是人生产物质生活本身的劳动能力的全面发展

   B. 人的全面发展是人才能的全面发展

   C. 人的全面发展是人的自由发展

   D. 全社会人的全面发展是个人全面发展的条件

5. 以下不属于《中国教育现代化2035》所提出的推进教育现代化的基本理念的是（　　）

   A. 注重全面发展　　B. 注重终身学习　　C. 注重因材施教　　D. 注重改革创新

6. 以冲突、暴力、民主、平等、公正等社会问题为核心，从心理学、社会学、伦理学、法学、政治学等角度来分析教学内容。这种课程类型属于（　　）

   A. 学科课程　　B. 活动课程　　C. 核心课程　　D. 融合课程

7. 每个学习者的需要、兴趣、经验等都是一个独特的有着内在联系的统一体，这个统一体就是每一个学生的人格整体。这要求我们在进行课程组织时应注意（　　）

A. 顺序性　　B. 连续性　　C. 整合性　　D. 基础性

8. 有学者指出："在学校里，这些学科中的每一门都被归到某一类去。各种事实是从它们在经验中原来的地位割裂出来，并根据一些一般原则重新排列……已经归类的各门科目是许多年代的科学的产物，而不是儿童经验的产物。"该学者是在批判（　　）

A. 社会中心课程　　B. 学科中心课程　　C. 学习者中心课程　　D. 问题中心课程

9. 下列教学方法是按照同一维度划分的是（　　）

A. 讲授法、谈话法、实习法　　B. 演示法、参观法、讨论法

C. 讲授法、谈话法、讨论法　　D. 实验法、实习法、参观法

10. 主张选取蕴含本质因素、根本因素、基础因素的典型案例，通过对范例的研究，使学生从个别到一般，从具体到抽象，从认识到实践理解，掌握带有普遍性的规律、原理的教育模式是（　　）

A. 发现教学模式　　B. 程序教学模式　　C. 问题教学模式　　D. 范例教学模式

11. 当代社会，科学技术的飞速发展导致了"知识爆炸"。因此，教学的主要任务不再只是知识的传授，而是"授人以渔"。这体现了当代教学观（　　）

A. 从重视结果向重视过程转变　　B. 从重视继承向重视创新转变

C. 从重视认知向重视发展转变　　D. 从重视知识向重视能力转变

12. 新课改提出要积极开发并合理利用校内外各种课程资源。根据课程资源存在方式的差异，公共图书馆、博物馆、科技馆、少年宫、养老院等属于（　　）

A. 显性课程资源　　B. 隐性课程资源　　C. 校内课程资源　　D. 校外课程资源

13. 二年级教师在集体备课时发现，本年级多个学科的教学内容都有与动物有关的内容，而且动物也是学生最感兴趣的话题之一。因此，综合考虑课标、学情及现实条件，二年级下学期教师聚焦毛毛虫及毛毛虫精神设计了"蜕变"这一教学单元。这样的教学属于（　　）

A. 项目式教学　　B. 探究性教学　　C. 大单元教学　　D. 混合式教学

14. 我们在德育过程中必须坚持晓之以理、动之以情、持之以恒、导之以行，从知、情、意、行四个方面同时对学生进行培养，从而有效地促进学生品德的形成。这说明在德育过程中要注意（　　）

A. 全面性　　B. 多端性　　C. 针对性　　D. 关联性

15. 下列选项属于教师义务的是（　　）

A. 开展教育教学改革和实验　　B. 参加进修或其他方式的培训

C. 批评和抵制有害学生健康成长的现象　　D. 享受国家规定的福利待遇

16. 出于培养兼士的需要，墨翟及其弟子确定了一套有特色的教育内容，其中最具特色的是（　　）

A. 政治和道德教育　　B. 科学和技术教育

C. 文史教育　　D. 培养思维能力的教育

17. 关于今文经学和古文经学的表述，下列正确的是（　　）

A. 古文经学多为汉初经学大师凭记忆、背诵记录下来的

B. 古文经学发展在先，今文经学发展在后

C. 古文经学的初本是先秦的古文字

D. 古文经学依据政治的需要来解释经学，迎合统治者的意志

18. 洋务学堂中开办持续时间最长且办得最有成效的是（　　）

A. 京师同文馆　　B. 京师大学堂　　C. 福建船政学堂　　D. 天津水师学堂

19. 由于工读主义思想的提倡者和参加者思想立场的差异，在“工读”旗号下形成了关于工读目的、意义的不同主张。其中，认为“工读只是用自己的劳动换一些求学经费而已，不必过于关注所谓的主义或理论”的是（　　）

A. 匡互生　　B. 王光圻　　C. 李大钊　　D. 胡适

20. 抗日根据地的社会教育重心在成人教育，其组织形式丰富多样。其中，最受欢迎、最普遍、最广泛的社会教育形式是（　　）

A. 夜校和冬校　　B. 冬校和识字班　　C. 冬学和民校　　D. 民校和夜校

21. 古风时期，雅典男孩 7 岁进入的教育机构是（　　）

A. 斯多葛学校　　B. 体操学校　　C. 埃弗比　　D. 文法学校

22. 以下选项符合古罗马教育家昆体良观点的是（　　）

A. 把在雄辩术上达到完美境界放在教育任务的首位，良好的道德培养则放在第二位

B. 家庭教育优于学校教育

C. 要使最初的教育成为一种娱乐

D. 希望儿童先学拉丁语，然后学希腊语，最后同时并进

23. 以下关于文艺复兴时期的人文主义教育，表述错误的是（　　）

A. 教育的对象主要是上层子弟

B. 充满着浓厚的世俗精神，主张消灭宗教

C. 吸收了许多古人的见解，但非纯粹“复古”，而是古为今用

D. 关注人道而非神道

24. 西方在近现代教育发展中逐渐形成了不同类型的教育行政管理体制，其中，英国教育从 20 世纪初到第二次世界大战期间形成的教育管理体制是（　　）

A. 中央集权制　　B. 中央和地方相结合，地方为主

C. 君主立宪制　　D. 地方分权

25. 20 世纪 70 年代美国教育改革的主题之一是（　　）

A. 返回基础　　B. 科学教育　　C. 天才教育　　D. 大众教育

26. 小军是一个敏感、细心的男孩，同时他又多疑、孤僻、多愁善感。小军的气质类型属于（　　）

A. 胆汁质　　B. 多血质　　C. 黏液质　　D. 抑郁质

27. 李华不喜欢学钢琴，但是非常喜欢无人机。于是妈妈规定，每天弹一小时钢琴可以获得一颗小星星，攒够 50 颗小星星后可以得到一架无人机。使用这样的方法提高了李华弹琴的积极性。这种改变行为的方法属于（　　）

A. 代币奖励法　　B. 行为塑造法　　C. 系统脱敏法　　D. 肯定性训练

28. 某学生已经知道“平行四边形”这一概念的定义，又通过“菱形是四条边一样长的平行四边形”这一命题来界定菱形。这种学习属于（　　）

A. 上位学习　　B. 并列学习　　C. 派生类属学习　　D. 相关类属学习

29. 阿特金森运用量化的形式来描述成就动机。以下不属于成就动机影响因素的是（　　）

A. 成就需要　　B. 期望水平　　C. 诱因值　　D. 任务难度

30. 学习完英语再学日语，日语发音会受到英语发音的干扰，产生“不准确、不地道”的现象。这种迁移属于（　　）

A. 顺向正迁移　　B. 顺向负迁移　　C. 逆向正迁移　　D. 逆向负迁移

二、论述题：第 31~32 小题，每小题 15 分，共 30 分。

31. 张之洞的《劝学篇》是对洋务运动的理论总结，并试图为以后的中国改革提供理论模式。试论述张之洞的“中体西用”思想及其历史作用与局限性。

32. 论述20世纪二三十年代苏联的教育改革内容及其影响。

三、材料分析题：第33~36小题，每小题15分，共60分。

33. 阅读下列材料，并按要求回答问题。

“在现代学校教育中，儿童人格被分为两个互不接触的世界，在一个世界里，儿童像一个脱离现实的傀儡一样进行学习；而在另一个世界里，他们通过某种违背教育的活动来获得自我满足。对儿童生活的强制改变，意味着对儿童生活的否定、主权的丧失，为了生存只好归顺、讨好成人，变得世故。”在这个意义上，学校教育过程中的这种制度化生活有可能使儿童丧失其天性，但同时儿童也逐步完成着个体的社会化，为进入成人社会做好各种准备。

请回答：

（1）阐述材料中所体现的教育功能。（6分）

（2）分析制度化教育的优势与局限。（4分）

（3）结合材料，阐述应如何改进教育制度。（5分）

34. 阅读下列材料，并按要求回答问题。

世界是客观存在的，但是对于世界的理解和对世界赋予的意义却是由每个人自己决定的。……我们个人的经验世界是我们用自己的头脑创建的，由于我们的经验以及对经验的信念不同，我们对外部世界的理解便也不同。

材料中体现了哪一流派的观点？论述该流派的基本观点。（15分）

35. 分析下述案例，并按要求回答问题。

辽宁省盘锦市魏书生中学从2011年开始作业减负增效改革。最初是借鉴了20世纪80年代魏书生的“定量作业”法，每天语文、数学、英语所留作业量都不许超过一页B5纸，其他科目的作业要当堂完成。之后，为了普遍提升教师留作业的水平，学校为每位教师精心挑选了5本以上的练习册，让教师在其中去粗取精，把许多套习题精简为一本的量，并称之为“有效作业”。2013年，学校开始了作业分层探索，把作业分成了必做题、选做题、自选题、错题纠正四个部分。必做题是全体学生都要做的基础题；选做题以综合运用为主，体现层级性，不同的学生可选易、中、难不同层级来做；自选题注重拓展，体现弹性和个性化，是学生的“营养加餐”；错题纠正相当于错题本。学校规定每一科的这四部分作业总量都不许超过一页B5纸。2014年，学校把“自助餐式”有效作业积累起来，印成了“有效作业本”，每年不断补充和完善新的内容。2019年，学校逐步探索创新作业类型方式，开始布置体育作业、劳动作业和社会实践作业任务清单，其中的劳动作业已经坚持了20多年。

提升作业质量、减少作业数量是教学走向精细化的重要表现。魏书生中学很早前就开始体谅学生的辛苦，用制度控制作业总量，又用压缩多本习题集的办法精选习题，最终做到作业分层，体现了作业改革的方向。

请回答：

（1）阐述作业的作用。（3 分）

（2）结合案例，你认为教师布置作业的要求有哪些？（6 分）

（3）阐述中小学作业变革的趋势。（6 分）

36. 分析下述案例，并按要求回答问题。

研究者设计了一个“两绳问题”实验。在一个房间的天花板上悬挂两根相距较远的绳子，使被试者无法同时抓住。这个房间里还有一把椅子、一盒火柴、一把螺丝刀和一把钳子，实验要求被试者把两根绳子系在一起。问题解决的方法是：把钳子作为重物系在一根绳子上，使绳子形成单摆运动，当两根绳子靠近时，抓住另一根绳子，然后把两根绳子系起来。结果发现只有 39% 的被试者能在 10 分钟内解决这个问题，大多数被试者认为钳子只有剪短铁丝之类的功能，没有意识到它还可以被当作重物来使用。

请回答：

（1）在上述案例中，影响问题解决的因素是什么？简述这一现象。（5 分）

（2）除上述因素外，还有哪些因素影响问题的解决？（10 分）

2025 年 333 教育综合预测卷五

业务课名称：教育综合	满分：150 分	考试时间：180 分钟

考生须知：

1. 答案必须写在答题纸上，写在其他纸上无效。
2. 答题时必须使用蓝色或黑色签字笔作答，用其他笔答题不给分，不得使用涂改液。

一、单项选择题：第 1~30 小题，每小题 2 分，共 60 分。下列每小题给出的四个选项中，只有一个选项是最符合题目要求的。

1. 批判教育学学者认为学校教育并不是推进社会公平和实现社会公正的强有力手段和途径，相反，它是维护现实社会的不公平和不公正，是造成社会差别、歧视和对立的根源。他们是在揭示教育的（　　）

   A. 正向显性功能　　B. 负向显性功能　　C. 正向隐性功能　　D. 负向隐性功能

2. 苏联经济学家的统计表明：一个熟练工人接受一年的科技文化教育，比其在工厂工作一年平均能提高工作效率 1.6 倍。这说明（　　）

   A. 教育可以使潜在的劳动力转换为现实的劳动力，促进经济的发展
   B. 教育生产科学技术，促进经济的发展
   C. 教育发展对经济增长具有明显的促进作用
   D. 科学技术对经济发展的作用越来越重要

3. 卢梭指出：“大自然希望儿童在成年以前就要像儿童的样子。如果我们打乱了这个次序，我们就会造成一些早熟的果实，它们长得既不丰满也不甜美，而且很快就会腐烂，最终只会造就一些年纪轻轻的博士和老态龙钟的儿童。”这反映了教育应该遵循人身心发展的（　　）

   A. 差异性　　B. 顺序性　　C. 整体性　　D. 不平衡性

4. 1949 年以来，无论我国社会怎样发展变化，无论我国发展的各个时期工作重点有什么不同，我国教育目的的确定始终追求（　　）

   A. 坚持社会主义性质　　B. 提高全民族的素质
   C. 促进人的全面发展　　D. 发展人的独立个性

5. 2022 年，我国高等教育在学总规模达到 4655 万人，高等教育毛入学率达到 59.6%。根据美国学者马丁 · 特罗教授提出的高等教育发展阶段论，这说明我国高等教育已进入（　　）

A. 大众化高等教育阶段　　B. 精英化高等教育阶段
C. 基础化高等教育阶段　　D. 普及化高等教育阶段

6. 以下是一份理科课程计划，该计划反映的课程组织形式是（　　）

一年级：学习小动物的基本需求。

二年级：学习植物的基本需求。

三年级：学习与动植物有关的生态系统。

四年级：学习与人类有关的生态系统。

五年级：学习作为不同系统的动植物。

六年级：学习物理系统——作为一个系统的地球。

A. 直线式　　B. 螺旋式　　C. 开放式　　D. 横向组织

7. 非常注重环境对课程的影响以及课程运行的整个过程，试图解答“为什么”的问题的课程评价派别是（　　）

A. 科学—实证主义课程评价观　　B. 人文—实证主义课程评价观
C. 人文—自然主义课程评价观　　D. 自然—科学主义课程评价观

8. 如何使学校课程体现文化间的差异，在尊重各少数民族文化、各社会阶层的同时，将主流文化与少数族群文化整合起来，成为学校面临的一个实际问题。这说明课程变革需要考虑（　　）

A. 文化模式　　B. 文化多元　　C. 文化变迁　　D. 文化革新

9. 永恒主义和存在主义课程论所主张的课程理论分别是（　　）

A. 学科中心和社会中心　　B. 社会中心和学习者中心
C. 学科中心和学习者中心　　D. 社会中心和活动中心

10. 有位教师在教授“阿 Q 正传”一课时，崇敬地说：“在 20 世纪 20 年代初，中国文坛出现了一篇震动社会的小说。这篇小说还在报刊连载时，就使那些豪绅官吏惊恐万分，以为小说写的是他们自己，纷纷要求追查作者。小说很快被翻译到国外，成为世界名著。”学生们听了之后，学习主动性一下就被调动起来了。该教师的做法遵循的教学原则是（　　）

A. 直观性原则　　B. 启发性原则　　C. 巩固性原则　　D. 量力性原则

11. 振华中学为了改革学校的教学组织形式，开始在初二年级进行试验：教师上课时不再向学生系统地讲授教材，而是让学生课前在家中观看教师的视频讲解，自主学习。这种教学组织形式属于（　　）

A. 混合教学　　B. 复式教学　　C. 翻转课堂　　D. 分层教学

12. 多数教师由于还不具备良好的课程开发能力，还不能够改变现有的课程及其所规定的教学内容和教学目标，只能在微观上研究“如何教”的问题，即怎样更快、更好地组织教学信息并将其用有效的方法传递给学生。如此，教师可以直接运用的教学设计模式是（　　）

A. 系统分析模式　　B. 系统方法模式　　C. 过程模式　　D. 实践模式

13. 教师在给学生讲“共和国勋章”时，介绍了老英雄张富清的感人事迹，同学们深受教育。这体现了在教学过程中，要处理好（　　）

A. 教师主导与学生主体的关系　　B. 智力因素与非智力因素的关系

C. 掌握知识与培养思想品德的关系　　D. 掌握知识与提高能力的关系

14. 面对一些政治、宗教等能引人深思的社会问题，教师适合采用的价值澄清方法是（　　）

A. 价值单填写法　　B. 澄清应答法　　C. 价值观延续讨论法　　D. 澄清事实法

15. 美国心理学家罗森塔尔和雅各布森做了一个实验：他们来到一所小学对所有学生进行智能测验，然后把一份学生名单交给有关教师，说名单上的这些学生被鉴定为“最有发展前途者”，并再三嘱咐教师对此保密。其实，这份学生名单是随意拟定的。但 8 个月后再次进行智力测验时出现了奇迹：凡被列入此名单的学生，不但成绩提高很快，而且性格开朗、求知欲强，与教师的感情也特别深厚。这证明了（　　）

A. 教师的领导方式对师生关系有重要影响

B. 教师的态度对师生关系的直接影响

C. 教师的学识是学生亲近教师的重要因素之一

D. 教师的人格因素对师生关系的影响

16. 战国末年开始出现了一批集中论述教育问题的教育理论著作。关于战国后期的教育论著，以下说法错误的是（　　）

A.《大学》提出大学教育的终极目标是“止于至善”

B.“博学之，审问之，慎思之，明辨之，笃行之”出自《中庸》

C.《学记》把大学教育的年限定为两段、五级、九年

D.《学记》规定一年考查一次，考查内容包括学业成绩和道德品行

17. 蔡元培认为教育的最终目的是（　　）

A. 培养公民道德　　B.“开民智、兴民权”

C. 发展个性　　D.“养成健全人格”

18. 两汉私学兴盛，私学发展的规模越来越大，常常拥有成百上千的弟子，不可能个个当面传授，故弟子又分两种。其中“登记在册，在需要的时候来请教的弟子”被称为（　　）

A. 及门弟子　　B. 著录弟子　　C. 授业弟子　　D. 外室弟子

19. 中国近代由中央政府颁布并首次得到施行的全国性法定学制系统是（　　）

A. “壬寅学制”　　B. “癸卯学制”　　C. “壬戌学制”　　D. “戊辰学制”

20. 全面抗日战争时期，为了进一步控制学生、强化训育，1938 年 3 月，国民政府教育部规定在中等以上学校中推行（　　）

A. 训育制度　　B. 审查制度　　C. 导师制度　　D. 会考制度

21. 提出正义和其他一切德行都是智慧，道德不是天生的，正确的行为基于正确的判断的古希腊教育家是（　　）

A. 毕达哥拉斯　　B. 苏格拉底　　C. 柏拉图　　D. 亚里士多德

22. 在道德问题上，以下不符合捷克教育家夸美纽斯主张的是（　　）

A. 道德教育等同于宗教教育　　B. 培养德行应成为学校教育的重要任务

C. 严格的纪律是必要的　　D. 在德育内容中纳入了劳动教育

23. 19 世纪，英国全日制大学以校内或校外讲座的形式，向社会中下层及女子提供更多接受高等教育的机会，史称（　　）

A. 高等教育普及化运动　　B. 新大学运动

C. 高等教育大众化运动　　D. 大学推广运动

24. 为了满足国家建设的需要并解决教育发展中存在的问题，1931 年苏联通过了《关于小学和中学的决定》，成为 20 世纪 30 年代苏联教育改革与发展国民教育的纲领性文件。该文件规定（　　）

A. 苏联的一切学校（除高等学校外）一律命名为“统一劳动学校”

B. 取消学科界限，将指定要学生学习的全部知识按自然、劳动和社会三个方面的综合形式加以排列，并以劳动为中心

C. 在实施新大纲的同时，也相应地改变了教学方法，采取劳动教学法

D. 要求学生的一切社会生产劳动必须服从于学校的教育和教学目的

25. 杜威的“思维五步法”包括经验情境的寻求、问题的产生、资料的占有和观察的开展、解决方法的提出以及方法的运用和检验。他把这种思维称作（　　）

A. 反省思维　　B. 情境思维　　C. 逻辑思维　　D. 实验思维

26. 儿童喜欢将一切都看成是有生命的，如儿童会说："你踩在小草身上，它会感到痛。"根据皮亚杰的认知发展阶段理论，此时儿童的发展阶段处于（　　）

A. 感知运动阶段　　B. 前运算阶段　　C. 具体运算阶段　　D. 形式运算阶段

27. 下列选项中，由学习引起的行为变化是（　　）

A. 视觉适应　　B. 老马识途

C. 青春期男孩变声　　D. 服用兴奋剂提高成绩

28. 选用哪一种方式呈现知识，要根据学生已有知识背景来确定，这符合布鲁纳提出的掌握学科基本结构的（　　）

A. 动机原则　　B. 结构原则　　C. 程序原则　　D. 强化原则

29. 期末考试来临，小金在学校表现得毫不在乎，回家却挑灯夜战。根据自我价值理论，小金的表现属于（　　）

A. 高趋低避型　　B. 低趋高避型　　C. 高趋高避型　　D. 低趋低避型

30. 某学生在体操技能训练中整体动作趋向于协调连贯，多余的动作有所减少，视觉控制让位于动觉控制，但动作技能尚未达到自动化。该学生的体操技能属于（　　）

A. 操作定向阶段　　B. 操作模仿阶段　　C. 操作整合阶段　　D. 操作熟练阶段

二、论述题：第 31~32 小题，每小题 15 分，共 30 分。

31. 《颜氏家训》是我国封建社会第一部系统完整的家庭教科书，但人们随着教育观念的更新，对它的评价褒贬不一。试述《颜氏家训》中关于儿童教育的基本原则。

32. 论述二战后日本《教育基本法》和《学校教育法》的内容和影响。

三、材料分析题：第 33~36 小题，每小题 15 分，共 60 分。

33. 阅读下列材料，并按要求回答问题。

建设教育强国，需要构建多元主体参与、符合中国实际、具有世界水平的教育评价体系。高质量基础教育评价体系的最终目标在于促进学生的全面发展，致力于实现科学育人和全面育人，涉及学生、教师、学校以及教育行政部门等多维评价。高质量基础教育评价体系，应建立完善教学质量的评价标准，注重对学生创新素养的综合评价，加强科学教育和工程教育，促进拔尖创新人才培养，培养学生的好奇心和想象力，为解决"卡脖子"难题提供人才支撑。

请回答：

（1）分析高质量教育评价体系建设面临的现实挑战。（5 分）

（2）阐述新时代应树立的教育评价观。（5 分）

（3）阐述如何提升教师的教学评价能力。（5 分）

34. 阅读下列材料，并按要求回答问题。

罗杰斯指出，“多少年来，我们所受的教育只是强调认知，摒弃与学习活动相联系的任何情感。我们否认了自身最重要的部分”，这是一种知、情严重分离的教育。

请回答：

（1）材料中体现的是哪一流派的观点？试论述该流派的基本观点。（11 分）

（2）阐述该理论在教育中的应用。（4 分）

35. 分析下述案例，并按要求回答问题。

学完“声和光”的有关知识后，学生正在做教师布置的作业。突然有一位学生把课前准备的糖拿出来吃，取糖时发出了糖纸摩擦的声音，把同桌的视线也吸引过去了。尽管这位同学小心翼翼，但还是被教师发现了。此时教师控制着自己的情绪，先扫视了一下“目标”处，然后向学生们提问：“你们听到一种声音了吗？”一位学生说：“听到了。”教师问：“是什么声音？”学生说：“好像是塑料纸的声音。”教师又问：“你是怎么判断的？”学生说：“我是通过音色来判断的。”教师又问：“后面的同学听到了吗？”学生说：“没有听到。”前面的学生解释道：“因为响度随距离的增加而减弱。”教师又问：“前面的学生听到了声音，知道这位同学究竟在干什么吗？”学生说：“他在拿塑料包装纸里的糖。”教师问：“你是怎么知道的？”学生说：“因为光沿直线传播，只有我和他右边的同学才知道。”说到这里，这位吃糖的同学已是面红耳赤。一番有趣的师生对话，既教育了个别学生，又使全体学生受到了启发，实现了在讨论中学习、在学习中接受教育的目的。

请回答：

（1）从课堂教学管理的角度分析上述案例中教师的做法。（6 分）

（2）分析案例中教师所贯彻的德育原则。（5 分）

（3）结合案例，阐述教学和德育的关系。（4 分）

36. 分析下述案例，并按要求回答问题。

下面是一位学生写给老师的求助信。

老师，您好！近几次考试我都没考好，这让我很沮丧，越来越不自信。现在一提到考试，我就浑身不自在，怀疑自己到底能不能提高成绩。有时候我会不由自主地想：我能行吗？我还能考好吗？我是不是再也考不出好成绩了？老师，我特别希望改变自己目前的状态，在以后的考试中取得好成绩。希望得到您的帮助，谢谢！

请回答：

（1）根据自我效能感理论，分析这位学生存在的问题及问题产生的原因。（5 分）

（2）如果你是这位老师，你会如何帮助这位学生？（10 分）

2025年333教育综合预测卷六

业务课名称：教育综合	满分：150分	考试时间：180分钟

考生须知：

1. 答案必须写在答题纸上，写在其他纸上无效。
2. 答题时必须使用蓝色或黑色签字笔作答，用其他笔答题不给分，不得使用涂改液。

一、单项选择题：第1~30小题，每小题2分，共60分。下列每小题给出的四个选项中，只有一个选项是最符合题目要求的。

1. 下列关于不同时期教育的特征，描述正确的是（　　）

A. 原始社会的教育具有阶级性　　B. 奴隶社会的教育具有普及性

C. 封建社会的教育具有生产性　　D. 现代社会的教育具有公共性

2. 近年来，越来越多的学校让学生通过移动终端设备进行一对一数字化学习，让教育通过技术实现了连接课堂内外、连接过去与现在。这反映的教育发展趋势是（　　）

A. 教育终身化　B. 教育信息化　C. 教育全民化　D. 教育全球化

3. “出淤泥而不染，濯清涟而不妖”反映了（　　）

A. 环境为人的发展提供了现实条件　　B. 主观能动性对人的发展起决定作用

C. 环境对人的发展的作用方式不同　　D. 环境对人的发展的影响较小

4.《中华人民共和国教育法》（第三次修订版）指出：教育必须为社会主义现代化建设服务、为人民服务，必须与生产劳动和社会实践相结合，培养德智体美劳全面发展的社会主义建设者和接班人。其中“教育必须与生产劳动和社会实践相结合”属于（　　）

A. 教育目的　B. 教育性质　C. 教育方向　D. 教育途径

5. 从教育的起点开始，给不同阶层、阶级的儿童享受平等的教育权利设置了人为障碍的学制类型是（　　）

A. 单轨学制　B. 分支型学制　C. 双轨学制　D. 道尔顿制

6. 克服分科课程彼此封闭、各自为政的缺陷，通过寻求不同学科之间的内在联系，使学生学习的知识彼此整合起来。这种课程类型是（　　）

A. 融合课程　B. 广域课程　C. 相关课程　D. 核心课程

7. 将课程目标设置为："学生能够用一节课的时间完成一篇 800 字的议论文写作。"这属于课程与教学目标的（　　）

A. 行为目标取向　B. 生成性目标取向　C. 表现性目标取向　D. 情感目标取向

8. 强调学科和智力训练之间的必然联系，主张开设拉丁文、希腊文、文法等学科。这种对于课程的认识属于（　　）

A. 实质教育论　B. 形式教育论　C. 学科中心论　D. 活动中心论

9. 课程计划本身的特点是影响课程实施的一个因素，在制定课程计划时要考虑向各地学校推行的难易程度。这是遵循了（　　）

A. 课程计划的合理性　B. 课程计划的复杂性

C. 课程计划的可传播性　D. 课程计划的和谐性

10. 根据布鲁纳提出的教学原则，教师在教学中应该认识到教学内容与学生已有知识之间的关系。这属于（　　）

A. 动机原则　B. 结构原则　C. 序列原则　D. 强化原则

11. 在讲授"框架结构"这节课时，教师先让学生探究三角形和正方形的特点，再通过加固正方形和立体框架，让学生了解结构的对称性和稳定性，理解三角形是一个稳定的结构，最后通过设计与制作建筑框架，利用三角形的稳定性，让学生探讨建筑物的稳固性。该教师在这节课中运用了（　　）

A. 逆向设计教学模式　B. 暗示教学模式

C. STEM 教学模式　D. 范例教学模式

12. 在教学实践中，语文、外语多采用讲读法，物理、化学多采用演示法、实验法。这说明在选择教学方法时要依据（　　）

A. 教学的具体目的和任务要求　B. 各种教学方法本身的功能

C. 教学时间、设备等教学条件　D. 课程的性质和教材的特点

13. 上好课是提高教学质量的关键。上课时，教师要尽可能地调动和爱护学生的学习积极性，注意尊重、爱护学生，民主平等地对待学生。调动学生的学习积极性属于（　　）

A. 上好一堂课的前提　B. 上好一堂课的基本质量要求

C. 上好一堂课的内在动力　D. 上好一堂课的保障

14. "视其所以，观其所由，察其所安"反映了进行德育需贯彻（　　）

A. 严格要求与尊重信任相结合原则　B. 照顾年龄特点与照顾个别特点相结合原则

C. 正面引导与纪律约束相结合原则　D. 集体教育与个别教育相结合原则

15. 教师专业知识是教师职业区别于其他职业的理论体系与经验系统。下列关于教师专业知识拓展的说法，正确的是（　　）

A. 知识的量的拓展，即以学科知识为主干，以相关学科知识为必要补充

B. 知识的质的深化，即从知识的理解、掌握到知识的批判，再到知识的创新

C. 知识结构的优化，即教师要不断更新知识，补充知识，扩大知识范围

D. 知识内容的精深，即以文化基础知识为背景，以学科知识为主干

16. 以下明确提出教育目的为“明人伦”的是（　　）

A. 孔子、孟子　　B. 孟子、王守仁　　C. 董仲舒、王守仁　　D. 孔子、董仲舒

17. 1939 年 7 月，为了收容战争中流离失所的难童，培养有特殊才能的人才，陶行知在重庆创办了一所学校，苦心兴学，以“新武训”自比，培养了一批艺术人才。这所学校是（　　）

A. 晓庄学校　　B. 山海工学团　　C. 育才学校　　D. 社会大学

18. 下列唐代中央官学中，入学年龄限制最为宽松的是（　　）

A. 国子学　　B. 广文馆　　C. 书学　　D. 律学

19. 书院的官学化倾向始于（　　）

A. 宋朝　　B. 元朝　　C. 明朝　　D. 清朝

20. 清朝为加强对地方官学的管理，在府、厅、州、县设立的各级教育行政机关是（　　）

A. 国子监　　B. 学部　　C. 提学使司　　D. 劝学所

21. 古代印度教育等级色彩鲜明，其主要表现是（　　）

A. 首陀罗种姓享有受教育权

B. 吠舍种姓被剥夺了学习《吠陀》的特权

C. 刹帝利种姓被剥夺了受教育权

D. 婆罗门种姓享有接受当时最完备、最高级的教育特权

22. 关于 17—18 世纪的英国教育，以下表述正确的是（　　）

A. 中等教育主要是富家子弟的升学预备教育

B. 初等教育出现了公、私立学校并存的局面

C. 以爱丁堡大学为代表的苏格兰等地的五所大学注重古典文化，贵族性强

D. 富人在教育机构中接受完备的初等教育

23. 规定联邦政府按各州在国会的议员人数，按照每位议员三万英亩的标准向各州拨赠土地，各州应将赠地收入用来开办或资助农业和机械工艺学院的法案是（　　）

A.《富尔法案》　B.《费里法案》　C.《莫雷尔法案》　D.《高等学校总纲法》

24. 裴斯泰洛齐认为，任何事物都是由最基本的要素构成的，儿童掌握了这些要素就能很到位地学习。其中道德教育最基本的要素是（　　）

A. 儿童对自己的爱　B. 儿童对母亲的爱

C. 儿童对父亲的爱　D. 儿童对父母的爱

25. 下列不符合蒙台梭利教育思想的是（　　）

A. 儿童具有独特的心理胚胎期

B. 真正科学的教育基本原则是给学生自由

C. 真正的纪律只能建立在自由活动的基础之上

D. 把游戏看作儿童内在本质向外的自发表现

26. 小学生在计算"45+67"时需要在老师的帮助下才能完成。这样的任务范围被称为（　　）

A. 上位学习　B. 最近发展区　C. 先行组织者　D. 并列学习

27. "一朝被蛇咬，十年怕井绳"反映的是条件作用的（　　）

A. 分化　B. 消退　C. 泛化　D. 强化

28. 看到与自己成绩差不多的学长考上某大学，就会增强自己考上这所大学的信心。这种自我效能感源自（　　）

A. 直接经验　B. 替代经验　C. 言语说服　D. 情绪唤醒

29. 下列选项中，属于操作技能的是（　　）

A. 点头　B. 作文　C. 心算　D. 扣纽扣

30. 下列选项中，属于结构良好问题的是（　　）

A. 计算"48+72"　B. 画主题手抄报

C. 回答"什么是生命"　D. 为班级设计黑板报

二、论述题：第31~32小题，每小题15分，共30分。

31. 养士之风的盛行，为战国诸子百家争鸣创造了条件。在诸多学派中，儒、墨、道、法在教育方面较有造诣。与儒家相比，墨家的教育方法有哪些特点？

32. 评述赫尔巴特的教学形式阶段论。

三、材料分析题：第 33~36 小题，每小题 15 分，共 60 分。

33. 阅读下列材料，并按要求回答问题。

近年来，"小眼镜""小胖墩"等学生身体健康问题再次成为热议的话题。当前，由于学习压力较大、缺乏体育锻炼等原因，学生近视、肥胖、脊柱侧弯等问题突出，这不仅影响了学生的身体健康，更在某种程度上制约了他们的全面发展。对此，在十四届全国人大二次会议的记者会上，教育部部长怀进鹏表示要保障学生每天 1 小时体育锻炼和充足的课间活动，注重劳动习惯养成，采取务实管用的举措，着力解决"小眼镜""小胖墩"和学生心理健康问题。身心健康是学生成长的基础，关系到国家的未来和民族的希望。以身心健康为突破点强化"五育"并举，不仅体现了国家对青少年一代的深切关怀，也彰显了社会各界对学生全面发展的高度重视。

请回答：

（1）分析从"五育"并举到"五育"融合可能面临的现实困境。（5 分）

（2）阐述心理健康与体育融合的必要性。（5 分）

（3）结合教育学相关知识，阐述心理健康与体育融合的策略。（5 分）

34. 阅读下列材料，并按要求回答问题。

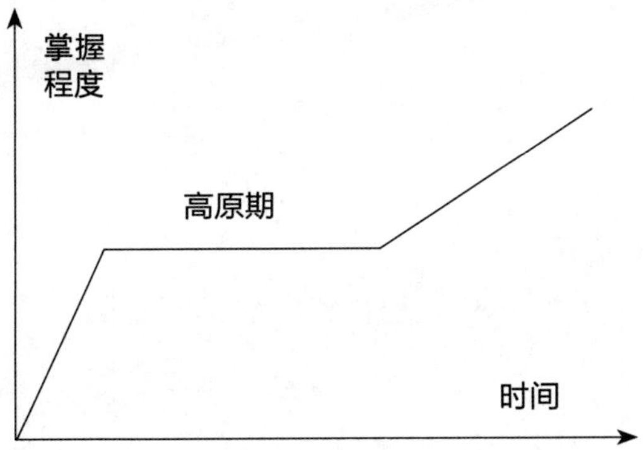

练习曲线图

请回答：

（1）分析图中的现象并解释原因。（7 分）

（2）分析教师应如何帮助学生解决这一问题。（8 分）

35. 分析下述案例，并按要求回答问题。

一位教师从入职开始就认真备课，手写教案。另外，她还会做一件事：把自己的手写教案全部录为电子教案，进行电子归档，几年下来，她构建了自己的电子教案库。相较于那些多年存下来的一本本的手写教案，这种电子形式的教案库更方便查阅，方便进行前后对比，更容易让自己的成长过程呈现出一个可视化的脉络。多年来，她依靠对自己教学过程的反思，在核心期刊上发表了多篇论文，专业发展也是稳步向上，工作十多年后成了区级名师。

请回答：

（1）阐述备课的地位与作用。（3分）

（2）结合案例，分析影响教师专业发展的因素。（6分）

（3）你认为教师应如何促进自我专业发展？（6分）

36. 分析下述案例，并按要求回答问题。

金老师在日常的教学与班级管理中，察觉到一年级学生小杰存在小偷小摸的行为。这种行为虽然看似微小，却不容忽视，因为这可能影响到小杰个人的品德塑造与价值观形成。

请回答：

（1）试分析小杰出现小偷小摸行为的原因。（5分）

（2）作为老师，应该如何对小杰进行教育？（10分）

2025 年 333 教育综合预测卷七

业务课名称：教育综合　　满分：150 分　　考试时间：180 分钟

考生须知：

1. 答案必须写在答题纸上，写在其他纸上无效。
2. 答题时必须使用蓝色或黑色签字笔作答，用其他笔答题不给分，不得使用涂改液。

一、单项选择题：第 1~30 小题，每小题 2 分，共 60 分。下列每小题给出的四个选项中，只有一个选项是最符合题目要求的。

1. 根据美国分析教育哲学家谢弗勒对教育陈述的分类，“教学是一起登山”属于（　　）

A. 描述性定义　　B. 纲领性定义　　C. 教育隐喻　　D. 教育口号

2. 政治经济制度对教育的制约作用主要表现在（　　）

①教育性质　②教育内容　③受教育权　④教育管理体制　⑤教育结构

A. ①②③⑤　　B. ①②③④　　C. ②③④⑤　　D. ①③④⑤

3. 下列说法中，最贴近外铄论思想的是（　　）

A. “仁义礼智，非由外铄我也，我固有之也，弗思耳矣”

B. “基因复制”是决定人的一切行为的本质力量

C. 出自造物主之手的东西都是好的，而一到了人的手里就全变坏了

D. “生而同声，长而异俗，教使之然也”

4. 素质教育是促进学生全面发展的、生动活泼的、可持续发展的教育。其中，可持续性主要体现在（　　）

A. 实施素质教育必须把德智体美等有机统一起来

B. 素质教育把学生视为教育主体，强调学生自主发展

C. 素质教育激发学生的兴趣，培养学生终身学习的能力

D. 素质教育以培养学生的创新精神和实践能力为重点

5. 关于我国学制，下列说法错误的是（　　）

A. 学制改革和发展的基本方向是重建和完善分支型学制

B. 学制包括学前教育、初等教育、中等教育、高等教育

C. 促进义务教育均衡发展是教育改革和发展的重大任务

D. 全日制普通中学在教育任务上兼顾普通教育和职业教育

6. 为落实新一轮基础教育课程改革，实行国家、地方、学校三级课程管理，发展学生个性特长，汉阳中学在教科研室、课外活动中心的共同指导下，开发了一系列丰富多彩、各具特色的社团课程，极大地丰富了课程资源。这里的社团课程属于（　　）

A. 必修课程　　B. 学科课程　　C. 校本课程　　D. 地方课程

7. 过程模式是课程论专家在批判目标模式的基础上确立起来的。该模式的特点不包括（　　）

A. 重视分析课程的外部文化情境　　B. 强调师生的探索创造

C. 强调教育活动过程的育人价值　　D. 课程开发过程即研究过程

8. “低年级课程目标是高年级课程目标的基础，没有低年级课程目标的实现，就难以达到高年级的课程目标。”这说明课程目标具有（　　）

A. 阶段性　　B. 层次性　　C. 时间性　　D. 递进性

9. 新课程的培养目标应体现时代要求，这种时代要求在知识观上的体现主要是（　　）

A. 新课程确立新的知识观，从根本上改变了学生的学习方式

B. 新课程确立新的知识观，走出了课程目标的知识技能取向

C. 新课程确立新的知识观，使新课程植根于生活的土壤

D. 新课程确立新的知识观，确立了学生的主体地位

10. 学习者中心课程理论的主张在具体的教学过程中没有处理好（　　）

A. 间接经验与直接经验的关系　　B. 掌握知识与提高能力的关系

C. 教师主导与学生主体的关系　　D. 掌握知识与培养思想品德的关系

11. 李老师为了更好地针对班级学生的情况开展教育教学，除了通过学校统一组织的期中、期末考试了解学生之外，还在日常教学中对学生的成绩及情感、态度方面的表现做出评价。李老师的评价方式属于（　　）

A. 诊断性评价　　B. 形成性评价　　C. 终结性评价　　D. 相对性评价

12. 在历史课上，老师让学生围绕“辛亥革命是成功了，还是失败了？”这一问题进行踊跃发言。历史老师运用的教学方法符合哪一要求？（　　）

A. 设计富有价值的问题　　B. 积极启发和引导学生

C. 让学生独立思考与探索　　D. 善于发现和解决问题

13. 在“海因兹偷药”的两难问题上，某学生的观点是：偷东西会使自己的名誉扫地，给自己的家人带来麻烦和耻辱，所以不该偷药。根据科尔伯格道德发展阶段理论，该学生的道德判断处于（　　）

A. 惩罚和服从的定向阶段　　B. 维护权威或秩序的定向阶段
C. 人际协调的定向阶段　　D. 社会契约的定向阶段

14. 苏霍姆林斯基曾经指出："如果你想让教师劳动能给教师一些乐趣，使天天上课不至变成一种单调乏味的义务，那么你就引导每一位教师走上从事一些研究这条幸福的道路上来。"这反映了教师成为研究者能够（　　）

A. 促进教师的专业成长和发展　　B. 提升自我价值和工作满意度
C. 促进学生和学校的发展　　D. 促进教育科学的发展

15. 有位教师在教授"蝉"这节课时，为了引导学生积极学习，他向学生提出了一些有趣的问题："蝉的嗓子在哪里？它歌唱是怕热还是为了呼唤同伴？"该教师提出这些问题的目的是（　　）

A. 引导学生理解教材　　B. 检查学生的学习情况
C. 组织学生的感性认识　　D. 引起学生的学习动机

16. 朱熹一生酷爱读书，对于如何读书有深切的体会，并提出了许多精辟的见解。他的弟子将其概括为"朱子读书法"六条。其中，最重要的读书法是（　　）

A. 循序渐进　　B. 虚心涵泳　　C. 熟读精思　　D. 居敬持志

17. 梁启超十分重视女子教育，并积极推动女子教育实践，他参与创办了（　　）

A. 宁波女塾　　B. 经正女学　　C. 爱国女校　　D. 严氏女塾

18. 唐代的国子学、太学和四门学都是学习儒学的高级学校。"三学分设"体现了当时学校教育制度的（　　）

A. 多样性　　B. 系统性　　C. 单一性　　D. 等级性

19. 我国最早规定义务教育阶段的学制是（　　）

A. "壬寅学制"　　B. "癸卯学制"　　C. "壬子癸丑学制"　　D. "壬戌学制"

20. 下列关于黄炎培的职业教育思想与实践的说法，错误的是（　　）

A. 中华职业教育社的成立标志着职业教育思潮的形成
B. 职业教育的目的为"使无业者有业，使有业者乐业"
C. 中华职业教育社是我国活动时间最长的人民教育团体
D. 黄炎培在《学校教育采用实用主义之商榷》中论证了改革普通教育的必要性

21. 将人的灵魂分为营养的灵魂、感觉的灵魂和理性的灵魂，并据此主张实施体育、德育和智育的古希腊教育思想家是（　　）

A. 苏格拉底　　B. 柏拉图　　C. 亚里士多德　　D. 毕达哥拉斯

22. 西欧中世纪教育的典型特征是（　　）

A. 以修道院学校、主教学校、堂区学校为代表的基督教教育的繁荣

B. 以宫廷教育和骑士教育为代表的封建世俗教育的确立

C. 以中世纪大学为代表的西方大学的崛起

D. 以城市学校为代表的新型学校的出现

23. 19世纪，德国教育家洪堡推动新大学运动，创建了柏林大学办学模式，为大学增添了（　　）

A. 人才培养功能　　B. 科学研究功能　　C. 社会服务功能　　D. 文化传播功能

24. 在法国教育史上，有"技术教育宪章"之称的法案是（　　）

A.《阿斯蒂埃法》　　B.《富尔法案》

C.《产业教育振兴法》　　D.《史密斯—修斯法案》

25. 美国正式把确立全国性中小学课程标准作为一项重要任务，要求每州的教改计划都要包括课程内容标准的建立内容的法案是（　　）

A.《2000年目标：美国教育法》　　B.《美国2000年教育战略》

C.《课程宪章》　　D.《中小学教育法》

26. 根据维果茨基的理论，下列选项中属于心理工具的是（　　）

A. 微信表情包　　B. 毛笔　　C. 无人机　　D. 锄头

27. 儿童将苹果这个词在头脑中与苹果的形象建立起相对应的关系。这属于（　　）

A. 表征学习　　B. 概念学习　　C. 命题学习　　D. 有意义学习

28. 根据学习动机的自我决定理论，下列选项中反映学生自主需要的是（　　）

A. 希望自己能解出来高难度的数学题　　B. 希望自己设计自己的房间布局

C. 希望得到同学们的认可和尊重　　D. 希望得到最新款电脑

29. 根据加里培林心智技能的形成理论，某一阶段智力活动的完成只看到嘴动，听不到声音。这个阶段最有可能是（　　）

A. 内部言语活动阶段　　B. 无声的外部言语活动阶段

C. 物质化活动阶段　　D. 活动定向阶段

30. 王强在阅读时常常自我提问：“我清楚课文表达的内容了吗？我抓住课文的重点了吗？”这种学习策略属于（　　）

A. 组织策略　　B. 精细加工策略　　C. 监控策略　　D. 复述策略

二、论述题：第 31~32 小题，每小题 15 分，共 30 分。

31. 宋朝以“兴文教，抑武事”为国策，先后发生了三次兴学运动，促进了文化和教育的发展。阐述“熙宁兴学”的具体内容。

32. 评述杜威关于教育本质的观点。

三、材料分析题：第 33~36 小题，每小题 15 分，共 60 分。

33. 阅读下列材料，并按要求回答问题。

跨学科主题学习指的是“围绕特定主题将两门及以上学科的内容进行整合，以中心主题统筹教学目的、内容、资源、方式及评价等要素，通过问题导向的整体性设计与实施，促进学生在意义建构中实现全面发展”。然而，不少研究者都指出跨学科主题学习在实施过程中存在“拼盘”式的倾向，即虽然在形式上围绕一个共同主题开展跨学科学习，但在内容上各学科之间却“跨而不合”或“合而不深”，只是简单叠加，在结果上则难以导向对主题的深度理解。

请回答：

（1）分析“拼盘”式跨学科主题学习出现的原因。（5 分）

（2）分析“拼盘”式跨学科主题学习存在的价值。（5 分）

（3）结合课程相关知识，阐述如何开展跨学科主题教学。（5 分）

34. 阅读下列材料，并按要求回答问题。

《论语》记载了这样一个故事：有一次，孔夫子与学生公西华正在座谈，子路来向孔子请教“听到了就立即行动吗？”孔子答：“有父兄在，为什么急于行动呢？”一会儿，冉求也来请教同样的问题，孔子答：“听到了当然应该立即行动。”公西华不明白老师为什么对同一个问题却给予不同的回答。孔子答：“子路遇事轻率，我是有意让他遇事审慎一些。冉求遇事畏缩不前，我是有意鼓励他遇事竭力向前。”

请回答：

（1）材料中体现了孔子的因材施教。试从认知发展和学习理论的角度，简述实施因材施教的依据。（8 分）

（2）论述因材施教的教育意义。（7 分）

35. 分析下述案例，并按要求回答问题。

某学校因地制宜地进行了一系列劳动教育的实践与探索，其中有一项是育人环创。有育人功能的环境创设是学校不可或缺的校园文化，为此学校专门设置了校园服务岗、增加贴近生活和劳动教育的社团活动、师生共同精心布置教室和楼道，使其成为学校最富生机的校园文化展台与看台。教师布置的作业也因劳动而生动，如语文作业包括为各种劳动实践活动写邀请函、写倡议书、写演讲稿和解说词等，数学作业要求学生测量计算粮食的生产面积、产量、价格等，美术音乐作业布置画海报、唱丰收、诵劳动等。学生忙忙碌碌但乐在其中，不知不觉中巩固和提升了各学科的知识与技能，并在活动实践中真正地对各学科知识加以运用。

请回答：

（1）分析案例中学校进行课程资源开发的方式。（5分）

（2）分析案例中所体现的影响人身心发展的因素。（5分）

（3）分析劳动教育对学生全面发展的作用。（5分）

36. 分析下述案例，并按要求回答问题。

焦老师在教学时注重方式方法，注重学习动机的培养。首先，焦老师经常提问，向喜欢挑战的学生提问难度适中的问题，向害怕失败的学生提问较简单的问题，且采取相适应的评分标准；其次，对正确回答的学生给予及时的反馈和鼓励，对不会回答的学生则耐心引导并肯定他们；再次，经常给予学生鼓励，向学生讲述与他们学习基础相似的学长学姐在学业上取得成就的经历来激励学生；最后，帮助学生对自己学业表现中的成功和失败进行正确归因。

请回答：

（1）案例中包含了哪几种动机理论？（8分）

（2）论述学习动机的作用。（7分）

2025年333教育综合预测卷八

业务课名称：教育综合	满分：150分	考试时间：180分钟

考生须知：

1. 答案必须写在答题纸上，写在其他纸上无效。
2. 答题时必须使用蓝色或黑色签字笔作答，用其他笔答题不给分，不得使用涂改液。

一、单项选择题：第1~30小题，每小题2分，共60分。下列每小题给出的四个选项中，只有一个选项是最符合题目要求的。

1. 教育的基本功能之一就是重复，即重复地把上一代从祖先那里继承下来的知识传递给下一代。正是因为这样，确保了教育本质、教育自身的规律和对人类文明的继承。从性质上看，这说明教育具有（　　）

A. 显性功能　　B. 隐性功能　　C. 保守功能　　D. 超越功能

2. 教育、科技、人才是全面建设社会主义现代化国家的基础性、战略性支撑。必须坚持科技是第一生产力、人才是第一资源、创新是第一动力，深入实施科教兴国战略、人才强国战略、创新驱动发展战略，开辟发展新领域新赛道，不断塑造发展新动能新优势。关于教育与科技的关系，下列表述错误的是（　　）

A. 科学技术发展对教育者的素质提出了更高的要求

B. 科学技术难以为教育资料的更新提供必要的技术条件

C. 教育可以扩大科学知识的再生产

D. 教育具有推进科学技术研究的功能

3. 美国教育家赫钦斯有句名言："教育意味着教学，教学意味着知识。"如果一个人只依靠个人的直接经验，他的认知就会很狭隘，认识必定很肤浅。这说明文化知识有利于（　　）

A. 促进人的认识的发展　　B. 促进人的精神的发展

C. 促进人的能力的发展　　D. 促进人的实践的发展

4. "五育"融合是实现人的全面发展的根本方式，也是新时代我国教育高质量发展的重要实践表征。有关"五育"融合，下列说法正确的是（　　）

A. 强调学校场域中"五育"的共时性和同场性

B. 德育、智育、体育、美育、劳动教育，各育并列，彰显不同功能

C. 课程改革的基本逻辑是开齐开足"五育"相关课程或学科

D. 在教学上表现为各学校中不同学科教学之间的有机统合与互动生成

5. 普通高等院校可以分为农林院校、财经院校、师范院校、政法院校等。这属于学校制度中的（　　）

A. 学校办学制度　　B. 学校层级与类别制度

C. 学校管理制度　　D. 学校入学与修业年限制度

6. 古德莱德认为，这种课程是所有课程中最重要的课程，是被内化和个性化了的课程。这种课程是（　　）

A. 理想的课程　　B. 正式的课程　　C. 经验的课程　　D. 实行的课程

7. 存在主义课程论对待教材的态度是（　　）

A. 教材是学生谋求职业做好准备的手段　　B. 教材是进行心智训练的材料

C. 教材能洞察和发展人存在的意义　　D. 教材是自我发展和自我实现的手段

8. 拓展型课程注重拓展学生的知识与能力，开阔学生的知识视野，发展学生各种不同的特殊能力并迁移到其他方面。下列不属于拓展型课程的是（　　）

A. 艺术鉴赏　　B. 文学阅读　　C. 社区服务　　D. 环境保护

9. 苏老师认为课程实施对预定课程计划的实现程度越高越好。那么，苏老师在课程中的角色倾向是（　　）

A. 课程的研究者　　B. 课程的设计者　　C. 课程的创生者　　D. 课程的执行者

10. 在学习“林黛玉进贾府”一课时，教师一上课就播放了电视剧《红楼梦》来展示演员形象，反而固化了学生的想象。这反映了教师没有遵循哪一教学原则的基本要求？（　　）

A. 直观性原则　　B. 启发性原则　　C. 巩固性原则　　D. 量力性原则

11. 在课堂座位排列形式上，出现了马蹄式、圆桌式、会议式、弧形等多样化的排列方式，传统的秧田式不再是课堂座位排列唯一的选择。这属于中小学哪方面的教学改革？（　　）

A. 教学方式　　B. 教学手段　　C. 教学组织形式　　D. 教学环境

12. 学生学业成就评价是课程与教学评价环节中最核心、最关键的部分。下列不属于当今学生学业成就评价改革特征的是（　　）

A. 注重非情景性和真实性　　B. 兼顾学生个性化表现与合作能力

C. 强调学生解决问题的过程及结论　　D. 质性评价逐渐统整量化评价

13. 将教育视为人类社会所独有的一种社会实践活动，认为动物界不存在教育。其原因不包括（　　）

A. 动物的“教育”是一种基于亲子和生存本能的自发行为，人类的教育是一种复杂的社会活动

B. 动物的“教育”基本上随着生理的成熟而结束，人类在生理成熟之后仍继续接受教育

C. 动物界和人类都有某些符号系统，借此符号系统可以将经验类化

D. 动物的“教育”无组织、无系统，人类的教育已经形成一种有机的、开放的系统

14. 开展中华优秀传统文化教育，要以弘扬爱国主义精神为核心，以家国情怀教育、社会关爱教育和人格修养教育为重点，着力完善青少年学生的道德品质，培育理想人格，提升政治素养。加强中华优秀传统文化教育必须弘扬的民族精神是（　　）

A. 团结统一、爱好和平、勤劳勇敢、自强不息

B. 团结统一、爱好和平、勤奋学习、艰苦奋斗

C. 团结协作、热爱集体、勤劳勇敢、艰苦奋斗

D. 团结协作、爱好和平、勤劳勇敢、自强不息

15. 孟子最早将“教”与“育”二字用在一起，他说：“得天下英才而教育之，三乐也。”这体现了教师劳动的（　　）

A. 社会价值　　B. 个人价值　　C. 专业价值　　D. 创造价值

16. 孔子是全世界公认的伟大的思想家和教育家，为我们树立了出色的教师典范。他系统地论述了作为优秀教师需具备的品质和条件，其中作为教师应该具备的两个基本条件是（　　）

A. 学而不厌、温故知新　　B. 学而不厌、诲人不倦

C. 以身作则、爱护学生　　D. 以身作则、教学相长

17. 随着“独尊儒术”文教政策的施行，中国经学教育制度正式建立。其标志是（　　）

A. 专设五经博士　　B. 开设太学

C. 察举制的完全确立　　D. “五经”成为法定教材

18. 唐代选官，继承并发展了隋代的科举制度，使科举考试制度趋于完善。其中，科举考试中最常用的考试方式是（　　）

A. 帖经、墨义　　B. 墨义、口试　　C. 口试、策论　　D. 策论、诗赋

19. 下列关于漳南书院的说法，错误的是（　　）

A. 漳南书院在性质上属于实学书院

B. 颜元晚年曾主持漳南书院

C. 漳南书院实行分斋教学，分为经义斋和治事斋

D. 漳南书院的教育内容大大超越了“六艺”教育

20. 1925年11月，北洋政府教育部颁布《外人捐资设立学校请求认可办法》。其中规定（　　）

A. 禁止外国人在华办学　　B. 学校不得开设宗教课程

C. 外国人所办学校收归国人办理　　D. 外人捐资设立学校需获得教育部许可

21. 古希腊罗马时代，修辞学校（也称雄辩术学校）的培养目标是（　　）

A. 培养演说家或雄辩家　　B. 培养农民和军人

C. 培养身心和谐发展的国家公民　　D. 培养勇猛善战、保家卫国的战士

22. 西欧中世纪时期，一般由一名（或数名）在某一领域有声望的学者及其追随者自行组织起来，形成类似于行会的团体进行教学和知识交易。这种自治的教授和学习中心是（　　）

A. 城市学校　　B. 堂区学校　　C. 中世纪大学　　D. 行会学校

23. 20世纪90年代后，法国国家课程委员会公布了《课程宪章》这一纲领性文件，强调法国今后仍坚持的课程管理体制是（　　）

A. 三分制　　B. 地方分权制　　C. 双重制　　D. 中央集权制

24. 关于近代德国教育，以下表述正确的是（　　）

A. 出现了以泛爱主义为宗旨、创办“泛爱学校”的教育活动

B. 教育管理权力高度集中，设立了帝国大学

C.《工厂法》的实施在一定程度上改善了工人阶级子女的受教育状况

D. 创办了一所文实中学，既对青年施以升大学的预备教育，又教给学生就业所需的知识

25. 1947年，日本国会颁布了《教育基本法》和《学校教育法》。其内容不包括（　　）

A. 教育机会均等，男女同校

B. 采取“六三三四”单轨学制，延长义务教育年限

C. 国立、公立学校禁止宗教教育

D. 建立中央集权式的教育管理体制

26. 在学习“三角形面积”一课时，教师要求学生通过多次亲自测量三角形的相关数值来掌握三角形的面积公式。这种学习方式是（　　）

A. 接受学习　　B. 操作性条件学习　　C. 发现学习　　D. 观察学习

27. 以表现为目标定向的学生倾向于将学业的成败归因于（　　）

A. 能力　　B. 努力　　C. 运气　　D. 任务难度

28. 在生活中遇到各种各样的猫之后，儿童就形成了对猫的基本理解，包括猫的一般体型特征、生活习性、典型行为等。儿童关于猫的知识的表征方式是（　　）

A. 图式　　B. 命题　　C. 表象　　D. 产生式

29. 在记忆一个单词时，如果细致分析了单词的词根、词缀，会更容易记忆。这运用的是（　　）

A. 复述策略　　B. 精细加工策略　　C. 组织策略　　D. 元认知策略

30. 学生在记忆圆周率（π = 3.14159……）时编了一个顺口溜“山巅一寺一壶酒……”。这属于记忆术中的（　　）

A. 谐音联想法　　B. 关键词法　　C. 首字联词法　　D. 位置记忆法

二、论述题：第 31~32 小题，每小题 15 分，共 30 分。

31. 与“癸卯学制”相比，“壬子癸丑学制”有哪些进步之处？

32. 评述新传统教育派教育思潮的主要观点及其影响。

三、材料分析题：第 33~36 小题，每小题 15 分，共 60 分。

33. 阅读下列材料，并按要求回答问题。

“少子化、老龄化、区域人口增减分化”已成为人口发展的新常态。随着人口形势的变化，基础教育学龄人口规模和结构也随之发生了变化。因此，如何提前布局、优化调整教育资源配置，成为当前谋划教育发展的重要课题。围绕人口变化趋势，加强基础教育前瞻性布局，主动适应人口发展新常态，把握教育高质量发展新契机。

请回答：

（1）分析人口变化对教育的影响。（3 分）

（2）人口变化趋势为教育高质量发展提供了哪些契机？（6 分）

（3）阐述优化教育资源配置的策略。（6 分）

34. 阅读下列材料，并按要求回答问题。

2021 年 9 月，国务院印发了《中国儿童发展纲要（2021—2030 年）》，要求改善儿童营养状况，增强儿童身体素质；减少环境污染对儿童的伤害；引导家庭建立有效的亲子沟通方式，加强亲子交流，增加陪伴时间，提高陪伴质量。

请回答：

（1）结合材料，从马斯洛需要层次理论的角度，论述这些措施的合理性。（8 分）

（2）试述奥苏伯尔的学习动机理论与马斯洛的需要层次理论的联系与区别。（7 分）

35. 分析下述案例，并按要求回答问题。

一次偶然的机会，数学老师发现不少小学生能背出十二生肖，但不会根据属相算出年龄。于是，他查阅大量有关生肖的书籍，丰富相关知识的储备，在课例中设计了这样的问题：“六年级的小红和爸爸、妈妈、弟弟四个人都属虎，你能说出他们可能分别是多少岁吗？”有的学生只想到一轮是 12 岁：“弟弟刚出生，小红 12 岁，爸妈 24 岁。”有学生马上质疑：“爸爸妈妈 12 岁就生小红了？”有学生说：“弟弟也可能是 12 岁。”马上又有学生质疑：“弟弟 12 岁，小红也属虎，小红 24 岁上六年级？”提出“弟弟也可能是 12 岁”的学生解释说：“或许弟弟只比小红晚出生几分钟，是龙凤胎。”在热烈的讨论中，教室变成了欢乐的海洋。

请回答：

（1）分析案例中课例设计的特点。（5 分）

（2）分析案例中教师所采用的教学方法。（5 分）

（3）结合案例，阐述新时代教师应具备的素养。（5 分）

36. 分析下述案例，并按要求回答问题。

胡老师开设了一堂名为“构建未来城市”的课。胡老师说：“同学们，我们都是未来城市的建设者、创造者。”接下来，胡老师介绍了“未来城市”的概念，并展示了一些现实世界中已经存在的智慧城市案例。在学生有所了解后，胡老师把学生分成若干小组，每组围绕一个特定的主题进行头脑风暴，如交通、住房、能源或娱乐等，让学生形成对未来城市的初步设想。随后，胡老师引导学生辩论，对这些设想进行分析和评估，大胆质疑，挑选出最具可行性的方案进行深入研究。最后，学生基于反馈对设计方案进行反思和改进。课堂结束后，胡老师对积极参与讨论、提出有创造性方案的学生给予表扬。

结合案例，分析如何培养学生的创造性。（15 分）

ISBN 978-7-121-48917-4

9 787121 489174 >

教育学洪哥超能图书系列 × 云图 YUN TU

2025 333教育综合

终极预测8套卷

- 解析册 -

洪志祥 主编

彭双惠 马春晖 副主编

目录

2025年333教育综合预测卷一
答案及解析

一、单项选择题：第1~30小题，每小题2分，共60分。

答案速查表

1.C	2.A	3.B	4.A	5.B
6.A	7.C	8.B	9.D	10.C
11.B	12.D	13.C	14.B	15.C
16.B	17.C	18.C	19.A	20.A
21.C	22.A	23.D	24.B	25.C
26.C	27.C	28.C	29.A	30.D

答案及解析

1.【答案】C

【解析】A. 神话起源说：这是人类关于教育起源的最古老的观点。这种观点认为，教育与其他事物一样，都是由人格化的神所创造的。

B. 心理起源说：其代表人物是美国教育家孟禄。孟禄认为，原始教育的形式和方法主要是日常生活中儿童对成人的无意识模仿。

C. 生物起源说：其代表人物是法国社会学家、哲学家利托尔诺与英国教育学家沛西·能。利托尔诺在《各人种的教育演化》一书中认为，教育活动不仅存在于人类社会之中，而且存在于人类社会之外，甚至存在于动物界。人类社会的教育是对动物界教育的继承、改善和发展。该学说是教育学史上第一个正式提出的有关教育起源的学说。它是以达尔文生物进化论为指导的。

D. 劳动起源说：也被称为教育的社会起源说，是在马克思主义历史唯物主义理论的指导下形成的，认为教育起源于生产劳动过程中经验的传递。

题干中的观点是利托尔诺在《各人种的教育演化》一书中所提出的，符合生物起源说。所以，本题答案选C。

2.【答案】A

【解析】教育的社会流动功能是指社会成员通过教育的培养、筛选和提高，能够在不同的社会区域、社会层次、职业岗位、科层组织之间转换、调整和变动，以充分发挥其智慧和才能，实现其人生价值。教育的社会流动功能，按其流向可分为横向流动功能和纵向流动功能。所以，本题答案选A。

3.【答案】B

【解析】A. 顺序性：在正常情况下，人的发展具有一定的方向性和顺序性，既不能逾越，也不能逆向发展。

B. 不平衡性：人的发展并不总是匀速直线前进的，不同系统的发展速度、起始时间、达到的成熟水平是不同的；同一机能系统在发展的不同时期（年龄阶段）也有不同的发展速率。

C. 差异性：尽管正常人的发展要经历一些共同的基本阶段，但由于遗传、环境、教育等因素的不同，个别差异仍然非常明显。

D. 阶段性：人的发展变化既表现出量的积累，又表现出质的飞跃，从而表现出发展的阶段性。从总体上看，在个体发展的不同阶段，会表现出不同的年龄特征和主要矛盾。

根据题干可知，儿童有的方面在较早的年龄阶段就已经达到较高的发展水平，有的方面则要到较晚的年龄阶段才能达到较为成熟的水平，说明了不同系统的发展速度、成熟水平是不同的，体现了人的身心发展的不平衡性。所以，本题答案选 B。

4.【答案】A

【解析】题干中，“他越是忠实于他自己……他就会越接近于人类的共同事业”说明个性发展与社会性发展、每个人的发展与整个社会的发展是内在统一的。所以，本题答案选 A。

5.【答案】B

【解析】社会本位的价值取向把满足社会需要视为教育的根本价值，主张教育目的应从社会需要出发，根据社会需要来确定。题干中，白尔格门的观点是基于社会延续的重要性所提出的主张，符合社会本位的价值取向。所以，本题答案选 B。

6.【答案】A

【解析】《基础教育课程改革纲要（试行）》规定：“整体设置九年一贯的义务教育课程”，小学阶段以综合课程为主；初中阶段设置分科与综合相结合的课程；高中阶段以分科课程为主。所以，本题答案选 A。

7.【答案】C

【解析】学校管理者的领导方式、教师的工作方式等人际环境属于心理性的隐性课程。隐性课程又称隐蔽课程、潜在课程，它具有潜在性、模糊性、不易觉察性等特点，对学生的知识、情感、意志、行为和价值观等方面起着潜移默化的作用。所以，本题答案选 C。

8.【答案】B

【解析】泰勒在其出版的《课程与教学的基本原理》一书中提出了课程开发的“目标模式”。该模式具有逻辑严密的课程编制程序，各程序层次分明，具有较强的系统性。但是预先确定严格的行为目标与手段，不利于发挥教师与学生的主动性和积极性。所以，本题答案选 B。

9.【答案】D

【解析】教学设计是为教学活动制定蓝图的过程，它规定了教学的方向和大致进程，是师生教学活动的依据。进行教学设计需要依据现代教学理论、系统科学的原理与方法、教学的实际需要、学生的需要和特点、教师的教学经验等。题干中，“教是为了学，学是教的依据和出发点”说明在进行教学设计时需要考虑学生的需要和特点。所以，本题答案选 D。

10.【答案】C

【解析】A.“虚拟关注”阶段：对合格教师的要求开始思考，对教育理论及教师技能进行学习和训练，有了对自我专业发展反思的萌芽。

B.“生存关注”阶段：特别关注专业活动中的“生存”技能，专业发展集中在专业态度和动机方面。

C.“自我更新关注”阶段：有意识地自我规划，以谋求最大程度地自我发展，关注学生的整体发展，积累了比较科学的个人实践知识。

D.“任务关注”阶段：由关注自我的生存转到更多地关注教学，由关注“我能行吗”转向关注“我怎样才能行”。

根据题干可知，项老师是在考虑学生的需求以及学生能否接受其教学方式的问题，说明他关注到了学生的整体发展，符合“自我更新关注”阶段的特征。所以，本题答案选 C。

11.【答案】B

【解析】逆向设计教学模式是一种先确定预期的学习结果，再确定合适的评估证据，最后设计学习体验和教学活动的教学模式。所以，本题答案选 B。

12.【答案】D

【解析】复式教学是班级授课制的一种特殊形式，就是把两个或两个以上年级的学生编成一个班，由一位教师在同一节课里对不同年级的学生进行不同内容的教学的组织形式。主要特点是直接教学和学生自学或做作业交替进行。它是由于一定地区的教育条件和经济条件落后或不平衡而产生的，有利于这些地区的教育普及。所以，本题答案选 D。

13.【答案】C

【解析】在古代，随着文字的不断演变和典籍的不断积累，教育内容逐渐丰富。但是无论是“六艺”，还是“四书”“五经”，都与生产劳动没有直接关系，学校将这些知识作为教育的主要内容也就使教育逐渐脱离了生产劳动与社会实践。所以，本题答案选 C。

14.【答案】B

【解析】德育途径是指德育实施的渠道和形式。根据题干可知，教师在教学中通过播放图片创设情境来激发学生的道德情感，提高学生的道德素质，属于在语文教学中渗透德育，即教学育人。所以，本题答案选 B。

15.【答案】C

【解析】终身教育是人一生各阶段所受的各种教育的总和。终身教育的基本特征有：(1) 终身教育是以“生活”“终身”“教育”三个基本术语为基础的；(2) 终身教育既包括正规教育，也包括非正规教育；(3) 教育不是在正规学校教育结束时便告终止，而是一个终身的过程；(4) 终身教育从纵向方面寻求教育的连续性和一贯性；(5) 终身教育从横向方面寻求教育的统合。终身教育与拔尖主义的教育相反，具有普遍性，它主张教育的民主化。所以，本题答案选 C。

16.【答案】B

【解析】在我国，最早把“教”与“育”二字连在一起使用的教育家是孟子，见于《孟子·尽心上》中的“得天下英才而教育之，三乐也”一句。所以，本题答案选 B。

17.【答案】C

【解析】语言是社会交往的工具。颜之推认为，语言的学习应成为儿童教育的一项重要内容，对儿童进行的语言教育应注意规范，重视通用语言，而不应强调方言。所以，本题答案选 C。

18.【答案】C

【解析】由于时代的发展，隋唐科举考试选官的标准也发生了根本性的变化，既不以出身门第为标准，也不以道德品质为标准，而是以文艺才能为标准。《通典》卷一五载刘峣《取士先德行而后才艺疏》指出：“国家以礼部为考秀之门，考文章于甲乙，故天下响应，驱驰于才艺，不务于德行。……致有朝登科甲，而夕陷刑辟，制法守度使之然也。”科举考试选才的基本原则是以文才出众为标准，不是以德才兼备为标准，这对学校的培养方向产生了极其深刻的影响。所以，本题答案选 C。

19.【答案】A

【解析】卫学是明、清时期的地方官学。早在明太祖立国之初，既在全国诸府、州、县设立相应的学校，又在防区卫所设立卫学，在乡村设立社学。卫学的具体课程是礼、乐、射、御、书、数六科。所以，本题答案选 A。

20.【答案】A

【解析】全面抗日战争爆发后，国民政府依据“抗战建国”的国策，对中学教育采取了一些调整措施，如设置国立中学，国民政府前后办了 34 所国立中学，用于安置流亡到大后方的沦陷区学校的师生。所以，本题答案选 A。

21.【答案】C

【解析】东方文明古国的教育具有强烈的阶级性与等级性，学校主要招收奴隶主子弟，并按教育对象的等级、门第将其安排到不同的学校。所以，本题答案选 C。

22.【答案】A

【解析】尽管宗教改革是由人文主义引发的，但宗教改革对近代教育的历史意义远远高于人文主义。宗教改革运动结束后，西方教育的近代化（国家化、世俗化、普及化）历程便真正开始了。教育管理的国家化属于宗教改革对欧洲教育发展的影响。所以，本题答案选 A。

23.【答案】D

【解析】在美国公立学校运动中，裴斯泰洛齐教学法逐渐得到推广。所以，本题答案选 D。

24.【答案】B

【解析】“自然人”有以下主要特征：（1）自然人是独立自主的人，他能独自体现自己的价值。（2）在自然秩序中，所有的人都是平等的。“回归自然”的教育不培养带有等级的人，不造就王公贵族或奴隶。（3）自然人是自由的人，他是无所不宜、无所不能的。（4）自然人是自食其力的人。总之，自然人即独立自主、平等自由、道德高尚、能力和智力极高、能够适应社会生活的一代新人。自然人在社会秩序中把自然情感放在第一位，是摆脱封建主义羁绊的资产阶级新人。所以，本题答案选 B。

25.【答案】C

【解析】A. 编制实施以社会问题为中心的学校课程——改造主义教育。

B. 以人类文化遗产的共同要素作为学校课程的核心——要素主义教育。

C. 永恒的古典学科应该在学校课程体系中占据中心地位——永恒主义教育。

D. 学校课程内容应贯穿渗透基督教精神——新托马斯主义教育。

根据题干可知，永恒主义教育家主张永恒主义教育。所以，本题答案选 C。

26.【答案】C

【解析】A. 婴儿期（1.5~3 岁）：主要发展任务是获得自主感，克服羞怯感，体验意志的实现。

B. 幼儿期（3~6、7 岁）：主要发展任务是获得主动感，克服内疚感，体验目的的实现。

C. 儿童期（6、7~12 岁）：主要发展任务是获得勤奋感，克服自卑感，体验能力的实现。

D. 少年期和青春期（12~18 岁）：主要发展任务是获得同一感，克服混乱感，体验诚实的实现。

根据题干可知，儿童的主要发展任务是获得勤奋感，克服自卑感，体验能力的实现。所以，本题答案选 C。

27.【答案】C

【解析】A. 正强化：通过呈现愉快刺激来增加反应发生的概率。

B. 正惩罚：通过呈现厌恶刺激来降低反应发生的概率。

C. 负强化：通过消除厌恶刺激来增加反应发生的概率。

D. 负惩罚：通过消除愉快刺激来降低反应发生的概率。

题干中，取消罚站也就是消除厌恶刺激。通过消除罚站这一厌恶刺激来提高学生认真完成作业这一行为发生的概率，属于负强化。所以，本题答案选 C。

28.【答案】C

【解析】A. 有意义编码：奥苏伯尔的有意义学习的编码过程，即新旧知识之间的编码。

B. 工作记忆容量：一般是指 7±2 的组块说法，通过一系列策略、训练或技术可扩大工作记忆的容量。

C. 双重编码：在信息加工时，用文字（也叫作语义系统）和非文字（也叫作表象系统）的方式对知识进行双重加工，以加深对知识的理解和记忆。

D. 信息组块：人们在认知活动中总是自觉或不自觉地把原始因素按某种规则重新加以组织或浓缩，形成“信息组块”加以处理、记忆和运用。信息组块在大脑中的储存一般按相似程度归类，若干联系比较紧密的信息块聚集在一起构成一个更大的“相似块”。

题干中，“无论是文字配上插图，还是图片配上文字”可知，其中涉及用文字和非文字的方式对知识进行双重加工，使用了双重编码。所以，本题答案选 C。

29.【答案】A

【解析】A. 耶克斯 – 多德森定律：学习动机强度与学习效率并不完全成正比，中等强度的动机，最有利于任务的完成。

B/C. 皮格马利翁效应：也称期待效应、罗森塔尔效应，是指人们基于对某种情境的知觉而形成的期望或预言，会使该情境产生适应这一期望或预言的效应。

D. 晕轮效应：在认知者对一个人的某种特征形成好或坏的印象后，他还倾向于据此推论该人其他方面的特征。这本质上是一种以偏概全的认知上的错误。

根据题干描述，这体现了耶克斯 – 多德森定律。所以，本题答案选 A。

30.【答案】D

【解析】A. 人际智能：与人交往且能和睦相处的能力，如理解别人的行为、动机或情绪。

B. 语言智能：学习和使用语言文字的能力，如学习第二门语言。

C. 空间智能：认识环境、辨别方向的能力，如查阅地图。

D. 内省智能：认识自己并选择自己生活方向的能力，如“吾日三省吾身”。

题干中，“个体能正确建构自我，知道如何利用这些意识察觉做出适当的行为，并规划、引导自己的人生”的实质就是能够正确认识自我，并在此基础上规划自己的生活、人生，这属于内省智能。所以，本题答案选 D。

二、论述题：第 31~32 小题，每小题 15 分，共 30 分。

31.【答案要点】

朱熹一生主要从事学术研究和教育活动。他继承和发展了二程学说，成为南宋理学思想的集大成者。同时，他又是一位大教育家，毕生讲学活动不断。朱熹一生酷爱读书，对于如何读书有深切的体会，并提出了许多精辟的见解。他的弟子将其概括为“朱子读书法”六条。

（1）具体内容：（10分）

①循序渐进。a. 读书应该按一定顺序，不要颠倒；b. 读书应根据自己的实际情况和能力，安排读书计划，并切实执行；c. 读书要扎扎实实，打好基础，不可囫囵吞枣，急于求成。

②熟读精思。读书既要精读成诵，又要精于思考。无论是发现问题还是解决问题，都是精心思考的结果。

③虚心涵泳。“虚心”是指读书时要虚怀若谷，精心思虑，仔细体会书中的意思，不要先入为主，牵强附会；“涵泳”是指读书时要反复咀嚼，细心玩味。

④切己体察。读书不能仅仅停留在书本上、口头上，而必须见之于自己的实际行动，要身体力行。

⑤着紧用力。a. 必须抓紧时间，发愤忘食，反对悠悠然；b. 必须抖擞精神，勇猛奋发，反对松松垮垮。

⑥居敬持志。这既是朱熹道德修养的重要方法，也是他最重要的读书法。居敬是指读书时精神专一，注意力集中；持志是指要树立远大的志向，不断向前。

（2）现实意义：（5分）

在短视频浪潮的影响下，如今人们的阅读习惯发生了很大改变。很多人更喜欢浏览短小精悍的文章，而对于长篇大论的文章则缺乏耐心。如何在短视频浪潮中找到平衡，提高阅读素养，“朱子读书法”可以给予我们重要启示。

①阅读习惯的培养是“循序渐进、持之以恒”的过程。培养正确的阅读习惯并不是要求人们戒掉视频，而是在短视频与阅读中找到平衡，循序渐进地安排阅读任务，并持之以恒地坚持阅读。

②阅读是一项“有目的、有思考、有收获”的趣味活动。在短视频的“兴趣推送机制”下，每个用户都是被动的信息接收者；但是在阅读活动中，我们又是知识的主动建构者，只有真正做到“熟读精思”，才能有所收获。

③提高阅读素养的关键在于“立志”。朱熹认为“居敬持志”是最重要的读书法。简单说来，要想提高阅读素养，必须树立明确的志向，并以顽强的毅力长期坚持，才能克服低级趣味的诱惑，全面提升自己。

32.【答案要点】

中世纪大学是西欧中世纪随着市民阶层的兴起而发展起来的世俗教育机构。当时，著名的大学有意大利的萨莱诺大学和波隆那大学，法国的巴黎大学，英国的牛津大学和剑桥大学等。（1分）

（1）产生背景：（3分）

①西欧封建制度的发展进入鼎盛时期之后，王权日渐强固，社会趋于稳定，农业生产稳定上升，手工业逐渐成为专门的职业。

②新兴的城市市民阶层提出了新的政治、经济和文化要求。

③十字军东征使许多已经销声匿迹的古希腊、罗马时期的经典著作重新被发现，追求学问成为一种时尚。

（2）特征：（6分）

①性质。最初的中世纪大学是一种自治的教授和学习中心。一般由一名（或数名）在某一领域有声望的学者和他的追随者自行组织起来，形成类似于行会的团体进行教学和知识交易。

②目的。中世纪大学的基本目的是进行职业训练，培养社会所需要的专业人才。

③体制。中世纪大学按领导体制分为两种："学生"大学和"先生"大学。前者由学生主管校务，后者由教师主管校务。

④课程。大学的课程设置一开始并不固定，后来趋于统一，应社会需求分为文、法、神、医四科进行学习。

⑤制度。中世纪大学已有学位制度。学生修完大学课程，经考试合格，可得"硕士""博士"学位。

⑥教学方法。中世纪大学最常用的教学方法是演讲，演讲分为普通演讲、特殊演讲和粗略演讲。此外，还采用辩论的方法，辩论分为个人辩论和问题辩论。

⑦特权。大学自治，大学师生免税、免服兵役，大学有权设立特别法庭处理大学师生与外人之间的诉讼，大学有集体迁移自由、有颁发教学许可证的特权等。

（3）意义：（5分）

①优点。a. 中世纪大学是对新的社会因素的反映，它不仅是一种新型的教育组织，更代表了一种新的教育思想和精神。b. 中世纪大学打破了教会对教育的垄断，促进了教育的普及。c. 中世纪大学推动了世俗文化和自然科学的进步及文化的交流，促进了城市的发展。d. 在思想上，中世纪大学动摇了人们盲目的宗教信仰，讲求时效和理解力，突破了传统的死记硬背等教育方法。e. 在权利上，大学争取了一定的独立性和特权，为学术和科研的发展提供了客观条件。f. 在制度上，现代大学的一系列组织结构和制度原则都与中世纪大学有着直接的历史联系，标志着现代欧洲大学的诞生。

②局限。当时教会势力过大，宗教色彩浓厚，大学的教学受经院哲学的影响很深。

洪哥提示 著名的中世纪大学列举2个以上且正确即可；"特征"部分答出6点即可；"意义"部分从优点和局限两个方面进行分析，言之有理即可。

三、材料分析题：第33~36小题，每小题15分，共60分。

33.【答案要点】

（1）教师是教育事业发展的主要依靠力量，其作用表现在以下几个方面：（3分）

①社会角度。a. 教师是人才生产的主要承担者，担负着培养下一代的重任，在学生发展中起着引导作用；b. 教师是人类文化的传递者，在人类社会的发展中起着承上启下的作用；c. 教师是社会物质财富和精神财富的创造者，通过理论建构、知识创新、品德示范、宣传咨询等直接参与社会物质文明和精神文明的建设。

②个体角度。a. 教师职业是个人生命价值与教师职业生命价值的统一体，对教师个体具有生存、发展、创造和享受的价值；b. 教师促进学生个体的个性化和社会化。

（2）弘扬教育家精神的时代意义：教育家精神深深植根于中华传统师道文化，同时也展现了新时代教师的精神风貌。就时代价值而言，主要体现在以下几个方面：（6分）

①弘扬教育家精神是建设教育强国的题中之义。

②弘扬教育家精神有助于办好人民满意的教育。

③弘扬教育家精神为锻造强国之师提供精神动能。

④弘扬教育家精神是落实立德树人根本任务的根本保障。

（3）当代教师践行教育家精神，可从以下几个方面着手：（6分）

①自我觉察。教师要真诚地面对自己的内心，反省过去，察看当下和未来，时时事事，觉察反思，才能不断提升正能量。

②反思改过。每位教师在现实生活中都扮演着不同的角色，承担着不同的责任，难免会做错事，但重要的是勤于反思，敢于面对，勇于改过。

③建立正向认知。师德修养的动力源于内在师德动机系统与外在社会性动力及其相互作用。当教师身上的不良情绪和负面能量不断被觉察、清理、改正时，教师对自我与社会的正向认知就会不断建立，"言为士则，行为世范"的道德情操就会不断生成，"源源不断，生生不息"的自我修养机制就会形成。

34.【答案要点】

（1）材料中的现象是集体的独白。（2分）该现象出现在儿童认知发展的前运算阶段。（2分）该阶段的儿童认知发展具有如下特点：（6分）

①与语言相关。a. 言语和概念获得发展。儿童的言语和概念发展速度很快，但还不能很好地掌握概念的概括性和一般性。b. 集体的独白。集体的独白可能发生在儿童独处的时候，甚至更多地发生在儿童群体中，每个儿童都热情地说着，但彼此之间没有任何真实的相互作用或交谈。

②与思维相关。a. 具体形象性。儿童开始能够运用表象、语言或较为抽象的符号来代表自己经历过的事物。b. 思维的不可逆性和刻板性。不可逆性是指儿童进行思维运算时只能前推，

不能后退，缺乏对事物之间变化关系的可逆运算能力。刻板性是指儿童在注意事物的某一方面时，往往忽略其他方面。c. 尚未获得物体守恒的概念。守恒指不论物体形态如何变化，其质量是恒定不变的，但本阶段的儿童还不能认识到这一点。

③与情感相关。a. 泛灵论。儿童不能把自己与外部世界区分开来，并且认为外界的一切事物都是有生命的。例如，儿童会说："踩在小草身上，它会疼哭的"。b. 自我中心主义。儿童认为别人眼中的世界和他所看到的一样，以为世界是为他而存在的，一切都围绕着他转。例如，儿童会想："我一走路，月亮就跟着我走。"

（2）根据皮亚杰的认知发展阶段理论，教育教学应注意以下几个方面：（5 分）

①教育应当适合儿童当前的发展阶段。教师应该仔细观察儿童解决问题的思维过程，正确判断儿童所处的思维发展水平，相应地调整教学，使之与儿童的发展水平相适应。

②教育应当促进儿童内部的积极主动建构的过程。教师应该为学生提供丰富的环境，引导学生主动探索，亲自参加社会实践活动，促进他们建构知识，发展自己的认知结构。

③教育应当创设最佳的难度。教师要在教学过程中经常制造一些使学生产生认知不平衡的问题，以促使他们的认知发展。

④教育应当确定个体的发展水平差异。每一个班学生的认知发展水平和已有知识经验都有很大差异，教师要通过观察学生在解决问题时的表现来确定学生的不同认知发展水平，以保证所实施的教学与学生的认知水平相匹配。

⑤让儿童多参与社会活动。皮亚杰认为环境教育重于知识教育。随着儿童参与的社会活动增多，他们能够逐渐认识到他人的观点与自己的不同。

35.【答案要点】

（1）对课堂差错的认识：（5 分）

根据案例，笔者自己在上课和听课时，就特别关注课堂上有没有学生真实的差错。因此，我认为应该把课堂差错当作一种教学资源，为开展教学活动、解决教学问题服务。课堂学习差错是一种特殊的教学资源。如果说对某些教学资源而言，有效利用与闲置不用的区别是 1 与 0 的差别的话，那么对错误这一资源而言，则是 +1 与 -1 的差别。因为，课堂上的学习错误如果处理不当，将会给教学带来困难或是意想不到的"麻烦"，从而阻碍学生的发展；如果充分地加以利用，则可以让学生不仅感受到自己在课堂上的改变和成长，还能体验到人格的尊严、真理的力量、交往的乐趣和人性的美好。因此，对课堂学习差错资源应该更为重视。

（2）实现课堂差错资源化需遵循的原则：（5 分）

①目的性原则。差错资源可以是预设的，也可以是非预设的，但总体来说，非预设的会更多些。并不是所有的差错都应作为教学资源利用，也不是所有可以作为资源的差错都要当堂处理。是否当堂利用差错资源，要看它是否服从和服务于本节课的学习目标。

②激励性原则。我们要用"阳光心态"来观照学生的差错，用放大镜来寻找学生思维的闪光点。

③主体性原则。教师要尽量避免直接纠正学生的错误，应鼓励并提供机会让出错的学生自己发现错误、纠正错误，即让出错的学生本人通过有意识的监控，对学习内容和学习过程进行自我反思。

（3）教学内容设计的基本要求：（5分）

①选择适宜贴切的教学内容。a. 所选内容要在学生的“最近发展区”内，既以学生的心理水平为基础，又有发展性；b. 所选内容要有启发性，能锻炼学生的思维，启迪其心灵；c. 与目标无关或关系不大的内容必须删除。

②组织教学内容时要把逻辑顺序和心理顺序相结合。逻辑顺序即知识系统的内在逻辑体系，心理顺序即学生学习活动内在的认知规律。

36.【答案要点】

（1）案例中所体现的概念是最近发展区。（2分）最近发展区即实际的发展水平与潜在的发展水平之间的差距。前者由独立解决问题的能力而定，后者则是指在成人的指导下或与更有能力的同伴合作时解决问题的能力。（4分）教学和发展的关系如下：（3分）

①最近发展区为学生提供了发展的可能性。学生的发展主要是通过尝试那些只有在他人的协助和支持下才能完成的任务（最近发展区中的任务）来实现的。

②最近发展区为教师提供了教学的作用范围。教师需要给具有不同最近发展区的学生安排不同的任务，使得所有学生都能够受到最有利于自身认知发展的挑战。

③教学应当走在发展的前面。一方面，教学决定着学生发展的内容、水平、速度等；另一方面，教学创造着最近发展区。

④教学存在最佳期。教学最佳期是由最近发展区决定的，而最近发展区本身是动态发展的，因而教学最佳期也是不断发展变化的。

（2）维果茨基的理论在教育中的应用：（6分）

①支架式教学。学生在教师指导下发现活动，然后教师的指导成分逐渐减少，最终使学生达到独立发现的程度，将监控学习和探索的责任由教师向学生转移。

②交互式教学。实质是教师和学生共同协作的认知活动，使学生和教师的认知结构得到精细加工和重新建构。这种教学包含了教师和学生小组之间的相互对话，体现了最近发展区内的这种相互作用。

③合作学习。重视同伴交往在完成任务过程中的作用，因此教师要尽量组织、安排能力水平不同的学生进行合作学习。

④情境式教学。让学生在一定情境的活动中完成学习。因此，教师在教学的过程中，要引导学生从旁观者逐渐转变为教学活动的参与者，在社会性互动中获得知识和技能，也就是在真实情境中认知、在真实情境中教学。

2025年333教育综合预测卷二
答案及解析

一、单项选择题：第1~30小题，每小题2分，共60分。

答案速查表

1.A	2.B	3.A	4.C	5.C
6.A	7.B	8.D	9.D	10.A
11.C	12.B	13.D	14.C	15.A
16.A	17.C	18.B	19.A	20.C
21.A	22.A	23.A	24.B	25.C
26.B	27.C	28.C	29.C	30.A

答案及解析

1.【答案】A

【解析】美国分析教育哲学家谢弗勒在《教育的语言》一书中探讨了三种教育定义的方式，即描述性定义、纲领性定义和规定性定义。描述性定义，即对被定义对象的适当描述或对如何使用定义对象的适当说明；纲领性定义，即一种有关被定义对象应该是什么的界定；规定性定义，即作者自己创制的定义，其内涵在作者的某种话语语境中始终是同一的。题干中，对“鸡娃”的描述属于描述性定义。所以，本题答案选A。

2.【答案】B

【解析】教育的相对独立性是指作为社会一个子系统的教育，它对社会的能动作用具有自身的特点和规律性，它的发展也有其独特连续性和继承性。题干中所描述的是教育相对独立性的具体表现，即教育具有与政治、经济和生产力发展不平衡的特征。所以，本题答案选B。

3.【答案】A

【解析】在个体发展动因上，内发论认为人的发展完全由其内部所固有的自然因素预先决定。外铄论认为人的发展主要由外在的力量（如环境、学校教育等）决定。题干中，弗洛伊德认为人的性本能是最根本的动因，属于内发论。所以，本题答案选A。

4.【答案】C

【解析】A. 教育目的：国家对培养的人才要达到什么样的质量和规格的总要求，是各级各类学校都必须遵守的总要求。

B. 教育方针：国家或政党根据一定时期政治、经济发展的总路线、总任务规定的教育工作的发展思路和发展方向。

C. 培养目标：各级各类学校对受教育者身心发展所提出的具体要求。

D. 课程目标：课程本身要实现的具体目标和意图。它规定了一定阶段的学校课程促进学生身心发展所达到的预期结果。

题干所述的是义务教育阶段的培养目标。所以，本题答案选 C。

5.【答案】C

【解析】学校教育制度简称学制，是指一个国家各级各类学校的系统及其管理规则，它规定了各级各类学校的性质、任务、入学条件、修业年限以及它们之间的衔接与分工等关系。学制的确立需要考虑社会生产力和科技发展水平、社会政治经济制度、社会优秀文化传统、人的身心发展规律等。题干中，把儿童的入学年龄规定为 6 岁，符合儿童身心发展规律。所以，本题答案选 C。

6.【答案】A

【解析】《义务教育课程方案和课程标准（2022 年版）》提出义务教育课程应遵循的原则之一是变革育人方式，突出实践。具体为加强课程与生产劳动、社会实践的结合，充分发挥实践的独特育人功能；突出学科思想方法和探究方式的学习，加强知行合一、学思结合，倡导“做中学”“用中学”“创中学”；优化综合实践活动的实施方式与路径，推进工程与技术实践；积极探索新技术背景下学习环境与方式的变革。所以，本题答案选 A。

7.【答案】B

【解析】美国学者古德莱德归纳的五种课程是：理想的课程、正式的课程、领悟的课程、实行的课程、经验的课程。理想的课程是由一些研究机构、学术团体和课程专家提出应该开设的课程；正式的课程是由教育行政部门规定的课程计划和教材等；领悟的课程是教师所领会、理解的课程；实行的课程是在课堂上实际开展的课程；经验的课程是学生实际体验到的课程。根据他所划分的五种课程来看，理想的课程和正式的课程属于课程计划的采用阶段，领悟的课程、实行的课程、经验的课程属于课程的实施阶段。所以，本题答案选 B。

8.【答案】D

【解析】按照新版教育目标分类学框架（2001 年安德森等修订），认知领域的目标分为记忆、理解、应用、分析、评价和创造六个层次。

A. 理解：领悟所学材料的意义，这是最低水平的理解。

B. 分析：将所学分解为各个组成部分，了解各个部分之间的相互关系和构成方式。

C. 评价：对材料做出价值判断。

D. 创造：将所学知识综合应用，创造性地做出新颖的产品。

根据题干可知，语文老师在写作课结束后给学生布置了写一篇议论文的作业，即让学生将所学的有关写作的知识进行整合应用，创造性地写出新颖的文章，属于认知领域的高层次目标。所以，本题答案选 D。

9.【答案】D

【解析】世界课程改革包括课程政策、课程结构、课程实施、课程评价等方面。其中课程结构的变化呈现如下趋势：（1）课程结构从内容本位转向内容本位与能力本位的多样化结合，以保证学生有效地获得知识、技能和能力；（2）调整课程结构，吸纳新出现的学科领域，这些新学科领域或被整合进既有学科，或作为独立学科；（3）小学和初中阶段诸学科的连续性日益增强。所以，本题答案选 D。

10.【答案】A

【解析】行为主义教学理论主张：（1）建立预期行为结果的教学目标。教学的目的就是提供特定的刺激，以便引起学生的特定反应，所以教学目标越具体、越精确越好。（2）建立相倚组织的学习过程。学生的行为是受行为结果影响的，若要学生做出合乎需要的行为反应，必须形成某种相倚关系，即在行为后有一种强化性的后果。这种教学过程对学习环境的设置、课程材料的设计和学生行为的管理做出了系统的安排。（3）采用程序教学的方法。把教学分成连续的小步子，严格地按照逻辑编成程序。所以，本题答案选 A。

11.【答案】C

【解析】“语知而不知，虽舍之而可也”的意思是：如果老师开导了，学生还是不懂，这时可以先暂时放弃开导，等学生发展到一定阶段，再来讲解也是可以的。这体现了量力性原则。量力性原则也称发展性原则，是指教学的内容、方法和进度，既要适合学生已有的发展水平，又要有一定的难度，激励学生经过努力才能掌握，以便有效地促进学生的身心发展。所以，本题答案选 C。

12.【答案】B

【解析】A. 诊断性评价：在学期教学或单元教学开始时，对学生现有的知识水平和能力发展水平的评价。

B. 表现性评价：主要用来测量那些不容易被客观题目所测量的学习结果。形式包括：论述题、科学实验、艺术作品、口头表述、行为表现以及用所学知识解决生活中的实际问题等。

C. 终结性评价：在一个大的学习阶段后，对学生学习的成果进行制度化的正规考查、考试及其成绩评定，也称总结性评价。

D. 相对性评价：用常模参照性测验对学生成绩进行的评定，依据学生个人的成绩在该班学生成绩序列中或常模中所处的位置来评价和决定他的成绩优劣，而不考虑他是否达到教学目标的要求，故相对性评价也称常模参照性评价。

根据题干可知，在辩论赛这一真实情境中，教师从语言表达、逻辑思维、临场应变等角度对参赛者进行即时评价，属于表现性评价。所以，本题答案选 B。

13.【答案】D

【解析】A. 说服教育法：通过引导学生摆事实、讲道理，经过思想情感上的沟通与互动，让他们悟明道德真谛并自觉践行，方法包括讲理、沟通、报告、讨论、参观等。

B. 情感陶冶法：通过创设良好的教育情境，潜移默化地培养学生品德的方法，包括人格感化、环境陶冶、艺术陶冶等。

C. 实践锻炼法：有目的、有组织地安排学生进行一定的生活交往与社会践行活动以培养品德的方法，包括练习、委托任务、组织活动等。

D. 自我教育法：在教师的引导下，学生经过自觉学习、反思和自我改进，使自身品德不断完善的一种方法，包括立志、学习、反思、箴言、慎独等。

“三人行，必有我师焉。择其善者而从之，其不善者而改之”的意思是：多人同行，其中必定有可以做我老师的人。选取他们的优点学习，看到他们不好的方面就对照自己加以改正。这体现了在交往中学习他人的长处、吸取他人的教训是学习的重要方面。所以，本题答案选 D。

14.【答案】C

【解析】根据题干可知，活动是个体发展的源泉，是生命的成长机制。教育要促进人的发展、生命的成长，就必须有效地组织活动，通过活动进行。所以，本题答案选 C。

15.【答案】A

【解析】“教学有法，教无定法”指教学有一定规律、方法，但是没有固定的方法。这就需要教师在实际教学过程中根据教学任务、教学内容、学生状况、教师能力、方法特性等方面选择合适的教学方法，也就体现了教师劳动的创造性。所以，本题答案选 A。

16.【答案】A

【解析】题干中的观点出自《孟子·滕文公上》。孟子说过：“设为庠序学校以教之。庠者，养也；校者，教也；序者，射也。夏曰校，殷曰序，周曰庠，学则三代共之，皆所以明人伦也。人伦明于上，小民亲于下。”孟子在此第一次明确地概括了中国古代学校教育的目的——“明人伦”，又说明教育就是通过实现“明人伦”来为政治服务的。所以，本题答案选 A。

17.【答案】C

【解析】A. 王充：主张知识是改造社会的重要力量，凡是人类社会有史以来所积累下来的一切文化知识都应当学习。

B. 颜之推：主张以广博知识为教育内容，以读书为主要教育途径，读书不能仅限于“五经”，百家群书亦当研习。

C. 董仲舒：从“独尊儒术”的思想出发，主张以“六艺”（《诗》《书》《礼》《乐》《易》《春秋》）培养人才，教学内容完全儒学化。

D. 颜元：提出“真学”“实学”的教育内容，无论是在广度上，还是在深度上，都大大超越了“六艺”教育。除经、史、礼、乐等知识之外，还把诸多门类的自然科技知识、各种军事知识和技能正式列进教育内容。

根据题干可知，提倡众学百家之长的教育家不包括董仲舒。所以，本题答案选 C。

18.【答案】B

【解析】五代时已有关于学田的记载，但学田作为一种制度被确定下来，实际始于宋朝。在这以后，宋朝地方学校一般都有学田，作为学校经费的主要来源。所以，本题答案选 B。

19.【答案】A

【解析】第一次兴学运动是范仲淹在宋仁宗庆历四年主持的，史称“庆历兴学”；第二次兴学运动是王安石在宋神宗熙宁年间主持的，史称“熙宁兴学”；第三次兴学运动是蔡京在宋徽宗崇宁年间主持的，史称“崇宁兴学”。所以，本题答案选 A。

20.【答案】C

【解析】1927 年，国民政府仿照法国教育行政制度，在中央设立中华民国大学院主管全国教育，在地方试行大学区。大学区的最高审议机构是评议会，由学区内大学校长教授、中学校长教员、小学校长教师、县教育行政人员、各种教育团体等组成。所以，本题答案选 C。

21.【答案】A

【解析】A. 教师教儿童学习《塔木德》时鼓励儿童发问——古代希伯来的教育。

B. 教师经常体罚学生以提高学习《吠陀》经的效果——古代印度婆罗门教的教育。

C. 儿童在文士学校跟随教师在纸草上练习书写——古代埃及的教育。

D. 儿童在泥板书舍中练习楔形文字的书写——古代巴比伦的教育。

根据题干可知，教师教儿童学习时鼓励儿童发问属于古代希伯来学校教育实践的一种表现。所以，本题答案选 A。

22.【答案】A

【解析】《理想国》中教育的最高目标是培养哲学家兼政治家——哲学王。所以，本题答案选 A。

23.【答案】A

【解析】A. 培养从事手工业、商业的职业人才——城市学校的特征。

B. 课程一开始并不固定，后趋于统一，应社会需求分为文、法、神、医四科进行学习——中世纪大学的特征。

C. 经考试合格，可得“硕士”“博士”学位——中世纪大学的特征。

D. 培养封建统治阶级的保卫者——骑士教育的特征。

根据题干可知，培养从事手工业、商业的职业人才符合西欧中世纪时期城市学校的特征。所以，本题答案选 A。

24.【答案】B

【解析】A. 改革国立大学性质，使其从政府直接下属的机构转变成具有法人资格的独立机构——20 世纪 90 年代日本高等教育改革。

B. 为所有在能力和成绩方面合格的，并愿意接受高等教育的人提供高等教育课程——“罗宾斯原则”。

C. 废除高等教育的“双重制”，构建统一化的高等教育体制——《1988 年教育改革法》。

D. 建立由个人高等教育、职前教育专业训练、在职进修构成的“师资培训三段法”——《詹姆斯报告》。

根据题干可知，为所有在能力和成绩方面合格的，并愿意接受高等教育的人提供高等教育课程符合“罗宾斯原则”。所以，本题答案选 B。

25.【答案】C

【解析】美国进步教育运动时期，提出学校废除课堂教学、课程表和年级制，代之以“公约”或合同式的学习的教学改革实验是道尔顿制。所以，本题答案选 C。

26.【答案】B

【解析】A. 图式：有组织的、可重复的行为或思维模式。

B. 同化：儿童利用原有图式把新刺激纳入已有的认知结构中的过程。

C. 顺应：儿童通过改变已有的图式或形成新图式来适应新刺激的认知过程。

D. 平衡：个体通过自我调节机制使认识的发展从一个平衡状态向另一个较高平衡状态过

渡的过程，即图式与环境刺激之间的协调状态。

根据题干可知，幼儿将新刺激（鸵鸟）纳入已有的认知结构（鸟都是会飞的）中，认为鸵鸟也会飞，并没有引起已有认知结构的变化，属于同化。所以，本题答案选 B。

27.【答案】C

【解析】A. 行为主义理论：认为学习的实质就是形成刺激与反应之间联结的过程。

B. 认知理论：认为学习并不是在外部环境的支配下被动地形成刺激与反应之间的联结，而是主动地在头脑中形成认知结构的过程。

C. 建构主义理论：认为学习是积极主动的意义建构和社会互动过程。学习者的知识构建过程具有主动建构性、社会互动性和活动情境性等特征，强调学习应该与情境化的、具体可感知的社会实践活动结合起来。

D. 人本主义理论：倡导以学生经验为中心的有意义的学习、内在学习和自由学习。

根据题干“强调复杂情景和真实学习任务”，可知这种学习理论派别是建构主义理论。所以，本题答案选 C。

28.【答案】C

【解析】A. 言语信息：有关事物的名称、时间、地点、定义及特征等方面的事实性信息。

B. 态度：影响个体对人、事和物采取行动的内部状态。

C. 动作技能：个体通过身体动作的质量（如敏捷、准确、有力和连贯等）不断改善而形成的整体动作模式，又称操作技能、运动技能。

D. 智慧技能：个体运用符号或概念与环境交互作用的能力，又称心智技能，主要解决“怎么做”的问题。

根据题干可知，张岚学会三步上篮是掌握了动作技能。所以，本题答案选 C。

29.【答案】C

【解析】A. 高原现象：在学生动作技能的形成中，练习到一定阶段往往会出现进步暂时停顿的现象。

B. 思维定势：人用某种固定的思维模式去分析和解决问题，即个体经由学习而积累起来的习惯倾向。

C. 酝酿效应：当一个人长期致力于解决某一问题而又百思不得其解时，如果他暂时停止对这个问题的思考而去做别的事情，会由于某个契机突然产生灵感，使问题迎刃而解。其本质是顿悟了。

D. 功能固着：一种特殊类型的消极定势，是把某种功能赋予某种物体的倾向，使个体在想到某个物体的惯常用途后，往往很难想出其他新用途。

根据题干关键词“百思不得其解”“恍然大悟”可知，这一心理现象为酝酿效应。所以，本题答案选 C。

30.【答案】A

【解析】A. 移情训练：移情是指个体在对事物进行判断和决策之前，将自己置于他人位置，考虑他人的心理反应，理解他人的态度和情感的能力。

B. 道德概念分析：这种方法集中分析作为道德思维组成部分的一些最一般的概念或观念，如友谊、义务或者良心。

C. 价值澄清：教师可以先诱发学生的价值陈述，让他们思考自己的价值观念，在与别人交流价值观念时，揭示并解决自己的价值冲突，最后根据自己的价值选择来采取行动。

D. 奖惩控制：通过奖惩的方式控制学生的行为。

根据题干可知，教师培养学生品德的方法属于移情训练。所以，本题答案选 A。

二、论述题：第 31~32 小题，每小题 15 分，共 30 分。

31.【答案要点】

科举制度是以考试为主、举荐为辅的人才选拔制度。它产生于隋朝，发展于唐朝，共存在了 1300 年，是我国封建社会中持续时间最长、影响范围最广的选士制度。科举制的特点是个人自愿报名，集中考试，以文艺才能为标准，限量择优录取。（3 分）宋朝科举制相较于唐朝科举制的变化和发展主要表现在以下方面：

（1）扩大科举名额。（3 分）

唐朝进士科，每榜录取人数很少。宋朝科举考试除按照常例录取正奏名之外，还增设特奏名。在扩张录取名额的同时，也提高了科举及第后的地位和待遇。

（2）确定“三年一贡举”。（3 分）

宋朝科举考试的时间，最初没有明确的规定。宋英宗治平三年，确定科举考试时间为“三年一贡举”。这一改革在历史上产生了深远影响，从此，三年一科举成为定制，一直延续到清末，直到科举考试制度被废除。

（3）殿试成为定制。（3 分）

殿试始于唐朝武则天执政时期，但没有成为制度。宋太祖亲自主持考试，“殿试遂为常制”。从此，形成三级科举考试制度：州试（由地方官主持）—省试（由尚书省礼部主持）—殿试（由皇帝主持）。

（4）建立新制，防止科场作弊。（3 分）

为了维护考试的客观性和公平性，防止作弊，宋朝在科举考试的实践中，逐渐建立了一些新制度，其主要内容如下：建立锁院制、实行别头试、采用糊名法、创立誊录制等。

32.【答案要点】

人文主义是文艺复兴时期最重要的文化标志，表现在教育方面就是人文主义教育。人文主义教育的基本特征如下：

（1）人本主义。人文主义教育在培养目标上注重个性发展，在教育教学方法上反对禁欲主义，尊重儿童天性，坚信通过教育可以重塑个人、改造社会和自然，这些都表现出人本主义内涵，人的力量、人的价值被充分肯定。（3分）

（2）古典主义。人文主义教育思想吸收了许多古人的见解，人文主义教育实践尤其是课程设置亦具有古典性质，但非纯粹“复古”，而是古为今用，虽具有局限性，但在当时是进步的。（3分）

（3）世俗性。不论从教育目的还是从课程设置等方面来看，人文主义教育洋溢着浓厚的世俗精神，教育更关注今生而非来世，这是人文主义教育与中世纪教育的根本区别。（3分）

（4）宗教性。人文主义教育家虽然抨击天主教会的弊端，但不反对宗教，更不打算消灭宗教，他们希冀用世俗和人文精神改造中世纪陈腐专横的宗教性，以造就一种更富世俗色彩和人性色彩的宗教性。（3分）

（5）贵族性。这是由文艺复兴运动的性质（并非大众运动）所决定的。人文主义教育的对象主要是上层阶级子弟，教育的形式多为宫廷教育和家庭教育而非大众教育，教育的目的主要是培养上层阶级，如君主、侍臣、绅士等。（3分）

综上可知，人文主义教育具有双重性，其进步性与落后性并存。尽管人文主义教育有不足之处，但它涤荡了中世纪教育的阴霾，展露出了新时代教育的曙光，开了欧洲近代教育之先河。

三、材料分析题：第33~36小题，每小题15分，共60分。

33.【答案要点】

（1）数字化时代教育的变革：（3分）

①教育理念的变革。数字化时代更加注重以学生为中心的教育理念，强调学生的主动学习和互动参与。

②教育模式的变革。数字化教育能借助大数据分析技术，深入洞察学生的学习行为，为每位学生量身定制个性化的学习路径。

③教育时空的变革。数字技术赋能使学习不再局限于物化的教室空间，学习者可以穿越时空，进行沉浸式体验，实现教学空间的虚实结合。

④教育评价的变革。大数据、人工智能等技术使教学评价的主体更加多元，教学评价的内容更加全面。

（2）数字化时代教育可能面临的挑战：（6分）

①教师角色与能力转变的挑战。从传统的板书授课到熟练使用电脑授课，从单一的语言传授到全方位影像资料的场景化构建，数字化转型对教师提出了前所未有的挑战。

②基础设施和设备不足的困境。推动数字技术与传统教育模式的深度融合与创新发展，需要一定的硬件与软件支撑，而一些学校没有足够稳定的资金与技术支撑。

（3）推动教育领域数字化转型的措施：（6分）

①完善教师培训机制，提升教师信息技术应用能力。教师是教育数字化转型的关键力量。教育管理者应建立多层次、多形式的教师信息技术培训体系，满足不同教师的个性化需求。同时，采取线上线下相结合、集中分散相补充的培训形式，为教师提供灵活多样的学习路径。

②联动解决技术障碍与资金问题，为教育数字化提供坚实支撑。政府在推动教育数字化方面应发挥关键作用，通过加大对教育数字化的投入、鼓励多元化投资，形成政府引导、市场参与的良好格局。

34.【答案要点】

（1）上述实验体现了班杜拉的社会（观察）学习理论。（2分）观察学习是一种间接学习的形式。人类的大多数行为是通过观察而习得的。人们通过观察他人的行为及其后果，可获得榜样行为的符号表征和经验教训，并可引导观察者今后的行为。（3分）

（2）观察学习的基本过程与条件如下：（4分）

①注意过程。观察学习的首要阶段，调节学习者对示范活动的探索与知觉，决定着学习者在大量的榜样中选择什么作为观察对象。影响注意过程的因素有榜样行为的特性、榜样的特征、观察者的特点等。

②保持过程。在保持过程中，所观察的行为在记忆中以符号的形式表征。

③复制过程。又称动作再现过程，在复制过程中，学习者复制从榜样情境中所观察到的行为。

④动机过程。学习者因表现所观察到的行为而受到激励。这一过程中有不同的强化方式，分为直接强化、替代强化和自我强化。

（3）根据这一理论，教师在教学中应做到以下几点：（6分）

①发挥替代强化的作用。教师要帮助学生树立良好的榜样，发挥替代强化的作用。

②教授新行为、技能、态度和情感。教师要将所期望的行为、技能、态度和情感以明确外显的方式示范出来或者树立理想的榜样，让学生观察到，并对学生的模仿行为予以强化。

③注意发挥自身的榜样作用。教师对世界的好奇心、对本学科的热爱以及对学习的热情等将感染学生。

④监控学生习得行为的表现。教师要利用三种效应来监控学生习得行为的表现：a. 去抑制效应是指个体看到榜样因做出自己原来抑制的行为而受到奖励时，加强这种反应的倾向。

b. 抑制效应是指个体由于看见榜样得到惩罚的结果而引起的反应倾向减弱。c. 社会促进效应是指学习者通过观看榜样行为引发其行为库中已有的反应。

35.【答案要点】

（1）小组合作学习的积极意义如下：（4 分）

①有助于提高学习效率。小组合作学习是小组成员为了共同完成一个任务而分工合作，这有利于提高学习效率。

②有助于锻炼和提高学生交往、表达等方面的能力。在小组合作学习中，各成员有各自负责的任务，但同时也需要组内讨论、组间展示等，这都有利于学生多方面能力的发展。

③有助于培养学生的开放心态和宽容意识。在进行小组讨论时，难免会有不同的意见，这有利于培养学生积极接纳不同意见的开放心态。

（2）有效开展小组合作学习的条件如下：（5 分）

①学生对于需要学习讨论的内容要有基本的了解。

②教师需要调动学生参与小组合作学习的积极性和主动性。

③在合作交流前，学生先要有自己的思考，带着自己的思考与同学共同分享、探究。

④学生需要有合作需求，以避免“为合作而合作”。

⑤学生需要明确小组合作的目的和任务。

（3）教师可以通过以下方式引导学生开展小组合作学习：（6 分）

①选择恰当的合作学习时机。对学生来说，只有具备了合作的意识、方法、能力和习惯，才能更好地进行小组合作。教师需要选择教学中的合适时机组织合作学习。

②提供合理的合作学习时间。有时教师让学生进行小组合作后，不到 1 分钟就匆忙结束，这样的小组合作不可能有实效，只能沦为形式化和表演化的小组合作。真实有效的小组合作时间要视学情和合作学习的内容而定。

③制定有序的合作学习规则。规则就是小组合作中对学生该如何做的具体要求。小组成员应合理分工，明确各自的职责。

④建构合理的合作学习小组。一般情况下，存在同质分组和异质分组两大类型，不宜一学期或一学年都是同质或异质分组，可以这个月同质分组，下个月异质分组，取长补短，互补共生。

⑤加强合作学习指导。教师要及时了解各学习小组的讨论情况，指导学生进行合作学习。

36.【答案要点】

（1）结合迁移的分类，学习间可能会产生的影响有：（8 分）

①从迁移的影响效果看，迁移的发生并非总是积极的影响，也可能是消极的。正迁移：一

种学习对另一种学习的积极影响；负迁移：一种学习对另一种学习的消极影响，多指一种学习所形成的心理状态。

②从迁移内容的抽象和概括水平看，正迁移又分为横向迁移和竖向迁移。横向迁移（水平迁移）：同一抽象和概括水平的经验之间的相互影响，个体把已学到的经验推广应用到其他在内容和难度上类似的情境中；竖向迁移（垂直迁移）：不同抽象概括水平的两种学习之间的相互影响，它又可分为自上而下的迁移和自下而上的迁移。

③从迁移的方向看，迁移既可以是顺向的，也可以是逆向的。顺向迁移：迁移是顺向的，即前面的学习对后面的学习的影响；逆向迁移：迁移是逆向的，即后面的学习对前面学习的影响。

④从迁移的不同程度看，迁移可分为自迁移、近迁移和远迁移。自迁移：个体所学的经验影响着相同情境中的任务操作；近迁移：个体把所学的经验迁移到与原来的学习情境比较相似的情境中；远迁移：个体把所学的经验迁移到与原来情境极不相似的其他情境中。

⑤从迁移发生的自动化程度看，迁移可分为低通路迁移和高通路迁移。低通路迁移：反复练习的技能自动化的迁移，迁移时不需要或很少需要思维的参与；高通路迁移：有意识地将在某一情境下习得的抽象知识运用到新的情境中。

⑥从迁移发生的方式和范围看，迁移可分为特殊迁移和非特殊迁移。特殊迁移（具体迁移）：某一领域或课题的学习直接对学习另一领域或课题所产生的影响；非特殊迁移（一般迁移）：迁移产生的原因不明确，既可以是原理、原则的迁移，也可能是态度的迁移。

⑦从迁移发生的学习类型或领域看，迁移可分为知识与动作技能的迁移、情感与态度的迁移。知识与动作技能的迁移：一种知识与动作技能的获得对另一种知识与动作技能形成的影响；情感与态度的迁移：一种情感与态度的养成对另一种情境中情感与态度形成的影响。

（2）影响学习迁移的因素有：（7分）

①个体加工学习材料过程的相似性。个体加工信息的方法、习惯和风格各有不同，个体善于将自己习惯化的加工信息的过程迁移到其他问题和情境中去。

②已有经验的概括水平。学习迁移实际上是已有经验的具体化或新旧经验的协调过程，因此，已有经验的概括水平对迁移的效果有很大影响。

③学习态度和定势。在学习态度上，个体具有主动迁移的意识、能否进行自我调控是学习迁移的关键。定势对学习既会起促进作用，又会起阻碍作用。

④个体的年龄、智力水平。诸如年龄、智力水平、态度、教学指导、外界的提示与帮助等因素，都在不同程度上影响着迁移的产生。

2025 年 333 教育综合预测卷三
答案及解析

一、单项选择题：第 1~30 小题，每小题 2 分，共 60 分。

答案速查表

1.C	2.D	3.B	4.C	5.D
6.C	7.B	8.A	9.B	10.D
11.A	12.D	13.B	14.C	15.B
16.B	17.C	18.C	19.A	20.A
21.D	22.C	23.D	24.D	25.D
26.C	27.D	28.D	29.A	30.A

答案及解析

1.【答案】C

【解析】根据题干可知，这种观点是在批判僵化的学校教育。制度化教育包括正规教育和非正规教育，学校教育是制度化教育中的正规教育，学校教育的过度发展属于制度化教育的弊端；非正规教育的弊端也属于制度化教育的弊端；终身教育是符合社会发展需要的教育理念，它包括正规教育和非正规教育等多种形式。因此，出现题干观点的原因在于看到了学校教育的弊端，也就是制度化教育的弊端。所以，本题答案选 C。

2.【答案】D

【解析】题干中，许多留学生把我国优秀文化带回自己的国家，体现了不同国家文化的交流，即教育的文化传播功能。所以，本题答案选 D。

3.【答案】B

【解析】俗语①比喻出色的父亲不会生出一般的孩子，体现了遗传对人的身心发展的影响。俗语②比喻生活在好的环境中，人们容易受到正面、积极的影响；好的人或物处在污秽环境里，也会随着污秽环境而变坏，体现了环境对人的身心发展的影响。所以，本题答案选 B。

4.【答案】C

【解析】根据题干可知，在生产力发展的不同阶段，对劳动者规格的要求也不同。生产力发展的不同要求体现在教育目的上，就是不同社会对人才的核心素质和质量规格要求不同。所以，本题答案选C。

5.【答案】D

【解析】根据《中华人民共和国职业教育法》，职业教育是与普通教育具有同等重要地位的教育类型，是国民教育体系和人力资源开发的重要组成部分，是培养多样化人才、传承技术技能、促进就业创业的重要途径。它包括职业学校教育和职业培训。所以，本题答案选D。

6.【答案】C

【解析】题干中的观点出自美国学者布拉梅尔德，他是社会改造主义课程论的代表人物之一。社会改造主义课程论把重点放在当代社会的问题、社会的主要功能、学生关心的社会现象，以及社会改造和社会活动计划等方面。根据题干中“课程乃是实现未来社会变化的运载工具”这一说法，也可判断出其属于社会改造主义课程论的观点。所以，本题答案选C。

7.【答案】B

【解析】课程计划（课程方案）、课程标准和教科书是课程的三个重要载体。课程计划是对课程及其结构设计的总体规划，包括培养目标、课程设置、学科顺序、课时分配、学年编制和学周安排等。课程标准是课程计划的具体化，它规定了各门课程的性质、目标、内容框架，明确了学习某门课程后学生所应达到的基本要求，并不包括课程难点、重点、时间分配等具体内容。教科书是依据课程标准所编制的，它是课程计划和课程标准的具体化和工具载体。所以，本题答案选B。

8.【答案】A

【解析】A. 目标评价模式：由泰勒提出，强调教学结果是否达到预先设定的目标。

B. 目标游离评价模式：由斯克里文提出，强调将课程评价的重点从“课程计划预期的效果”转向“课程计划实际的结果”。

C. CIPP评价模式：由斯塔弗尔比姆等学者提出，包括背景评价、输入评价、过程评价和结果评价。斯塔弗尔比姆等学者认为，课程评价不仅要对课程目标实现的状况做出判断，而且应当为课程的改革服务。

D. 应答评价模式：由斯塔克提出，强调“全景色的观察”的方法，认为课程方案结果应该满足大多数人的需要。

根据题干，“强调要用明确的、具体的行为方式来陈述目标”即通过明确的行为来确定学生通过课程教学所取得的进步，确定学生达到教育目标的程度，符合泰勒所提出的目标评价模式。所以，本题答案选A。

9.【答案】B

【解析】A. 自学辅导法：学生在教师的指导下，以自学为主，使学生获得自学的方法，提高其自学能力的方法。

B. 情境模拟法：教师根据教学内容和教学目标，有针对性地设计情境，并让学生扮演情境角色、模拟情境过程，让学生在高度仿真的情境中获取知识和提高能力的方法。

C. 探究教学法：学生在教师的支持和帮助下，主动发现问题，寻求问题解决的方法。

D. 实习法：学生在教师指导下进行学科实践活动，以培养学生专业操作能力的方法。

题干中，为了帮助学生理解古罗马法律制度的精髓，吴老师将教材中生涩而庞杂的知识点嵌入剧本，与学生共同策划了整场剧目。这体现了吴老师紧密结合学科特点、学生的认知水平等，对历史课进行了情境创设，是融合情境设计的历史课堂。所以，本题答案选 B。

10.【答案】D

【解析】教学过程是一种认识过程，但它又不同于人类一般的认识过程，这种认识的特殊性表现在：（1）认识主体的不成熟性和发展性，即学生是不成熟的人；（2）认识对象的间接性和概括性，即学生的认识以学习间接经验为主；（3）认识方式的简捷性和高效性，即能有效避免人类认识过程中的错误和曲折；（4）认识过程的交往性，即师生间、生生间的交往；（5）认识活动的受指导性，即学生的个体认识活动始终是在教师的指导下进行的。所以，本题答案选 D。

11.【答案】A

【解析】A. 外部分组：打破按年龄编班的传统习惯，根据学生的能力或成绩差异进行分组教学。主要有学科能力分组和跨学科能力分组两种形式。

B. 内部分组：在传统的按年龄编排的班级中，根据学生的能力或学习成绩发展变化的情况进行分组教学。

C. 学科能力分组：学校根据某一年级的学生对某个学科的学习能力和成绩进行分组。因为同一个学生各科的学习能力和成绩可能不同，所以在不同学科中同一学生可能被分入不同的组。

D. 作业分组：根据学生的特点和意愿进行分组教学，各组学习年限相同，学习课程则各有不同。

根据题干可知，“对不同的组授以不同的课业”，即对成绩好、能力强的 A 组授以高深的课业，对成绩较好、能力较强的 B 组授以普通的课业，对成绩、能力一般的 C 组授以最基础的课业。这属于根据学生的能力水平或学习成绩差异进行分组教学，即外部分组。所以，本题答案选 A。

12.【答案】D

【解析】教育是一种有目的地培养人的社会活动，这是教育的本质属性。根据题干可知，顽皮的孩子是在偶然的情况下获得了有关火的知识，这不能被称为教育，即没有明确目的、偶然发生的外界因素对个体发展产生的影响不能被称为教育。所以，本题答案选 D。

13.【答案】B

【解析】A. 忠实取向：将课程实施看作忠实地执行课程方案的过程。

B. 创生取向：课程实施研究中的新兴取向。这种取向认为真正的课程是教师与学生联合创造的教育经验，课程实施本质上是在具体的课堂情境中创生新的教育经验的过程。

C. 相互调适取向：课程实施是课程计划与班级或学校实践情境在课程目标、内容、方法、组织模式等方面相互调整、改变与适应的过程。

D. 社会问题取向：课程实施无社会问题取向。

根据题干可知，课程知识是一个不断前进的过程，即课程知识是不断建构的，课程实施不是就原初的课程计划“按图索骥”的过程，而是一个真正创造的过程。所以，本题答案选 B。

14.【答案】C

【解析】A. 道德认知发展模式：以皮亚杰和科尔伯格为代表，研究重点是道德认知。

B. 社会学习模式：以班杜拉为代表，研究重点是道德行为。

C. 体谅模式：以麦克菲尔为代表，研究重点是道德情感。

D. 价值澄清模式：以拉斯为代表，研究重点是价值观选择。

根据题干可知，反对用高度理性化的方式进行道德教育，强调情感的沟通，符合体谅模式的主张。基于人本主义和行为主义的观点，麦克菲尔明确提出反对在道德教育中运用高度理性化的方法，因为这可能有损学生情感与行为的发展。所以，本题答案选 C。

15.【答案】B

【解析】根据题干可知，人是有发展潜能的，这种发展性和不成熟性给教育留下了很大的可发挥的空间，所以从本质上讲，人（学生）是能够接受教育的，是受教育的对象。教育能够更好地使学生的潜能得到发展。A、C、D 选项的表述本身无误，但根据题干来看，B 选项最符合题意。所以，本题答案选 B。

16.【答案】B

【解析】A. 稷下学宫是一所集讲学、著述、育才活动为一体并兼有咨议作用的高等学府。

B. 稷下学宫制定了我国第一个学生守则——《弟子职》，对学生的衣食住行、仪表仪容等进行了严格的规定。稷下学宫容纳百家，欢迎游学，来去自由，所以并未对学生的入学设置门槛，也未限定其学习内容。

C. 稷下学宫是一所由官家举办而由私家主持的特殊形式的学校。

D. 学术自由是稷下学宫的基本特点，在稷下学宫的各家各派，其学术地位是平等的。

根据题干可知，稷下学宫并未对学生的入学要求、学习内容等进行严格的规定。所以，本题答案选 B。

17.【答案】C

【解析】王充的培养目标是文人和鸿儒。其中，鸿儒是知识分子中最高级的一层，他们不仅系统地掌握了现存的社会知识，且不受前人思想框框的束缚，能够创新知识，是不可多得的学术理论人才。这是中国教育史上首次明确提出教育应该培养创造性的学术理论人才。所以，本题答案选 C。

18.【答案】C

【解析】宋代理学家将《大学》与《中庸》一起从《礼记》中抽出，与《论语》《孟子》合称“四书”，并把《大学》列为“四书”之首，成为宋以后中国古代教育的基本教科书。所以，本题答案选 C。

19.【答案】A

【解析】抗战时期，国立北京大学、国立清华大学和私立南开大学辗转长沙，迁往昆明，组成了国立西南联合大学。国立北平大学、国立北平师范大学、国立北洋工学院迁往陕西汉中，组成了国立西北联合大学。所以，本题答案选 A。

20.【答案】A

【解析】周秦至汉唐时期，蒙学教材多为综合性读物，以识字为主，也进行品德修养的教育，包含各方面的知识。如西周的《史籀篇》、秦代的《仓颉篇》、西汉的《急就篇》、南朝的《千字文》等。所以，本题答案选 A。

21.【答案】D

【解析】A.“拉比”：古代希伯来学校中的教师。

B.“古儒”：古代印度婆罗门教育古儒学校中的教师。

C.“大儒”：古代埃及僧侣学校中的皇家天文官。

D.“专家”：古代两河流域泥板书舍中的教师。

根据题干可知，古代两河流域泥板书舍中的教师叫“专家”。所以，本题答案选 D。

22.【答案】C

【解析】“智者派”最关心道德问题和政治问题，把系统的道德知识和政治知识作为主要的教育内容。他们提供了新型教育——政治家或统治者的预备教育。所以，本题答案选 C。

23.【答案】D

【解析】《高等教育方向指导法》（又称《富尔法案》）确立了法国高等教育“自主自治、民主参与、多科性结构”三条办学原则。所以，本题答案选 D。

24.【答案】D

【解析】恩物是福禄培尔设计的一套供儿童使用的教学用品。恩物的教育价值在于帮助儿童认识自然及其内在规律。所以，本题答案选 D。

25.【答案】D

【解析】赫尔巴特是传统教育的代表，其教育以“课堂、书本、教师”为中心。所以，本题答案选 D。

26.【答案】C

【解析】A. 惩罚和服从的定向阶段：该阶段个体缺乏是非善恶观念，因为恐惧惩罚而遵守规则。

B. 工具性的相对主义定向阶段：该阶段个体判断行为的好坏只按行为的后果带来的赏罚来定，对自己有利就是好，对自己不利就是不好。

C. 维护权威或秩序的定向阶段：该阶段个体服从团体规范，认为每个人应承担社会的义务和责任，判断某一行为的好坏要看它是否符合维护社会秩序的准则。

D. 社会契约的定向阶段：该阶段个体有强烈的责任心与义务感，尊重法制，认为契约和法律是人制定的，当其不适应社会时理应修正。

题干中，学生认为偷药是破坏法律的行为，偷药的人应该被送进监狱，是维护权威或秩序的定向阶段。所以，本题答案选 C。

27.【答案】D

【解析】A. 场独立型：不受或很少受环境因素的影响，基本上倾向于依赖内在的参照。

B. 场依存型：多受环境因素的影响，基本上倾向于依赖外在的参照。

C. 冲动型：反应快，但准确性差。倾向于根据几个线索做出很大的知觉的跃进，往往以很快的速度形成自己的看法，在回答问题时很快做出反应。

D. 沉思型：反应慢，但准确性高。在做出回答之前倾向于进行深思熟虑的、计算的、分析性的和逻辑性的思考，往往先评估各种可替代的答案，然后给予较有把握的答案。

根据题干可知，这位同学的认知方式符合沉思型。所以，本题答案选 D。

28.【答案】D

【解析】A. 强化：通过某一事件或刺激增强某种行为的过程。

B. 逃避：远离厌恶刺激或不愉快的情境。

C. 惩罚：通过呈现厌恶刺激或撤销愉快刺激从而消除或抑制某种行为的过程。

D. 消退：通过消除强化从而消除或降低某种行为的过程。

根据题干可知，“姜老师对课堂上个别喜欢扮鬼脸的学生，采取故意不理会的做法”旨在消除或降低个别学生扮鬼脸的行为，故选消退。因为题干中并未提及姜老师是否为了消除这一行为提供刺激或事件，故不选惩罚。所以，本题答案选 D。

29.【答案】A

【解析】A. 社会（观察）学习理论：强调通过对榜样人物的行为及其结果的观察而进行的学习。

B. 操作条件反射理论：强调学习是建立刺激—反应的联结。

C. 认知学习理论：强调学习的目的是形成认知结构。

D. 人本主义学习理论：强调不仅要重视知识的学习，还要重视学习者的情感、态度、个性等方面。

题干中，“身教重于言教”强调了榜样的重要作用，学生通过观察榜样人物的行为进行学习，属于社会（观察）学习理论。所以，本题答案选 A。

30.【答案】A

【解析】A. 求知和理解的需要：探索、摆弄、试验、阅读、询问等个体对不理解的东西寻求理解的需要，属于成长性需要。

B. 安全的需要：受保护与免遭威胁、获得安全感的需要，属于缺失性需要。

C. 归属与爱的需要：被人接纳、爱护、关注、鼓励、支持的需要，属于缺失性需要。

D. 尊重的需要：希望被人认可、关爱、赞许等维护个人自尊心的需要，属于缺失性需要。

根据题干可知，属于成长性需要的是求知和理解的需要。所以，本题答案选 A。

二、论述题：第 31~32 小题，每小题 15 分，共 30 分。

31.【答案要点】

蔡元培是中国近代著名的资产阶级革命家和民主主义教育家。1917 年，蔡元培任北京大学校长后，以自由、民主的原则改革北京大学，为中国高等教育开辟了一片新天地。蔡元培被毛泽东誉为“学界泰斗、人世楷模”。大学应该成为“研究高尚学问之地”，这是蔡元培在 1912 年担任教育总长时就强调的。但是，当时的北京大学，学生对研究学问没有兴趣，读书仅为混资历谋官位。因此，他改革北大的第一步是明确大学的宗旨，并为师生创造研究高深学问的条件和氛围。(3 分)

为了“抱定宗旨，改变校风”，蔡元培采取了以下措施：

（1）改变学生的观念。（3分）

蔡元培在就任北京大学校长的演说中对学生提出三点要求：一曰抱定宗旨，二曰砥砺德行，三曰敬爱师长，并将“抱定宗旨”置于首位。

（2）整顿教师队伍，延聘积学热心的教员。（3分）

蔡元培在教师聘任上采取“学诣”第一的原则，认为对于具有真才实学、热心教学、有研究学问的兴趣和能力的学者，不管他的国籍、资格、年龄、思想倾向，都应加以聘任。

（3）发展研究所，广积图书，引导师生的研究兴趣。（3分）

蔡元培认为，大学不仅是传授知识的机构，而且要创新知识，推动学术的进步。为了从机构设置上有利于学术研究，蔡元培担任北大校长后，率先在国内大学中设立了各科研究所。

（4）砥砺德行，培养正当兴趣。（3分）

在将北大导向注重学术研究的同时，蔡元培还努力在师生中提倡道德修养。他上任伊始，就告诫学生要砥砺德行，敬爱师长。同时，他倡导成立了各种体育会、画法研究会、书法研究会、演剧会等，培养学生的正当兴趣。

32.【答案要点】

第二次世界大战后英国高等教育改革概况如下：

（1）20世纪60年代的《罗宾斯报告》。（3分）

1963年，为了探讨英国高等教育如何为社会服务这一重大问题，英国颁布了《罗宾斯报告》。报告建议应为所有在能力和成绩方面合格的并愿意接受高等教育的人提供高等教育课程。在这一原则的主导下，英国创办了英国教育史上具有划时代意义的新型高等教育机构——“开放大学”，它主要以成年人为教育对象，以现代化的教学手段和灵活的教学方式进行教学。

（2）20世纪80年代的《雷弗休姆报告》。（3分）

1981—1983年，英国高等教育研究会连续发表了十多份高等教育调查报告。这些报告被合称为《雷弗休姆报告》。报告主要内容有：①扩大高等院校入学途径，加快培养各种专门人才，以适应振兴英国经济发展的需要；②调整高等教育课程内容和课程结构，以适应知识综合化和职业多变化的需要；③加强和改进高等教育管理，特别是要加强高校内部专业化管理，提高教学和科研水平，以承担更多的社会和经济课题；④开辟更多的奖学金和助学金发放途径，促进学生学习，以减轻国家负担；等等。

（3）20世纪80年代的《1988年教育改革法》。（3分）

1988年，英国国会通过了《1988年教育改革法》。该法废除了高等教育的“双重制”。“双重制”是指英国各类学院由地方管理，而大学则由中央管理的体制。根据新规定，包括多科技术学院和其他学院在内的高等院校将脱离地方教育当局的管辖，而成为“独立”机构，并获得与大学同等的法人地位。同时，该法对高等教育的管理和经费预算做出了新的规定。

（4）20 世纪 90 年代的《1992 年继续教育和高等教育法》。（3 分）

1992 年，梅杰政府通过了《1992 年继续教育和高等教育法》，废除了存在将近 30 年的二元制，建立了统一的高等教育体制。其主要内容有：①国家学位授予委员会赋予多科技术学院学位授予权，同意将多科技术学院改名为大学，具有和大学相等的地位；②统一了拨款机构，将教学拨款与科研拨款分开；③建立了新的高等教育质量保证体系，主要包括质量控制、质量审查和质量评估。

（5）20 世纪 90 年代的《学习社会中的高等教育》。（3 分）

1997 年，为了检讨和评估《罗宾斯报告》以来英国高等教育政策和发展状况，制定面向 21 世纪的高等教育改革框架与发展战略，英国政府发表了题为《学习社会中的高等教育》的咨询报告。报告主要内容有：①对高等教育的目的、模式、结构、规模、拨款、面临的教育危机，以及未来 20 年的发展做出了具体规划；②提出建立高等教育经费筹措机制、加强高等教育在地方和区域发展中的作用等多项改革建议。

洪哥提示：本题要求论述第二次世界大战后英国高等教育改革概况。答题时着重阐述主要改革或法案的内容概要。《1988 年教育改革法》是综合性法案，按要求回答其中关于高等教育的部分即可。

三、材料分析题：第 33~36 小题，每小题 15 分，共 60 分。

33.【答案要点】

（1）两位论者的教育目的观：材料中论者 A 是杜威，他的教育目的观是教育适应生活说，论者 B 是斯宾塞，他的教育目的观是教育准备生活说。

材料中，论者 A 指出：“努力使自己持续不断地生存，这是生活的本性……教育和社会生活的关系，正如营养和生殖、生理的关系。”即杜威所主张的“教育即生活”，杜威认为教育就是儿童生活本身的过程，而不是未来生活的准备，要求把学校教育和儿童眼前的生活联系在一起，教会儿童适应眼前的生活环境；论者 B 指出：“怎样生活是我们的主要问题……怎样帮助儿童去过完美的生活？……当然也是教育应当教的大事。”即斯宾塞所主张的教育准备生活说，斯宾塞认为教育的目的就是为“完美的生活”做准备，教育的主要任务就是教会人们怎样生活，教会人们运用一切能力，做到“对己对人最为有益”。（6 分）

（2）对两位论者的教育目的观的评价：杜威比较注重儿童当下的生活，强调教育目的的过程性和动态性，但是忽视了教育目的的未来性；斯宾塞的教育准备生活说，强调教育要为未来的生活做准备，体现了教育目的的未来性、定向性和目标性，但是忽视了儿童当下的生

活需要。（3 分）

（3）两位论者的观点对我国教育改革的借鉴意义：（6 分）

①教育理论。一个合理的教育目的应该将当下生活与未来生活相统一。教育既要重视儿童当下生活的需要，培养他们适应眼前的生活环境；又要重视未来生活的需要，培养他们能够适应未来的社会生活。

②教育实践。加强课程内容与学生生活以及现代社会和科技发展的联系，关注学生的学习兴趣和经验，精选终身学习必备的基础知识和技能；课程设置方面注重综合性、均衡性和选择性；减轻学生的作业负担和校外培训负担，让学生有机会自由支配自己的时间。

34.【答案要点】

（1）骑自行车属于操作技能。（2 分）操作技能的特点如下：（3 分）

①操作技能的活动对象是物质性客体或肌肉，具有客观性。

②操作动作的执行是通过外显的肌肉运动实现的，具有外显性。

③操作活动的每个动作必须切实执行，不能合并、省略，在结构上具有展开性。

（2）指导与示范是操作技能形成的认知阶段，教师需要帮助学习者理解操作技能，明确学习任务，形成作业期望，并获得一定的完成任务的学习策略。（10 分）

①掌握相关的知识。需要帮助学习者梳理必要的先前的知识。材料中，在正式开始学习骑自行车之前，小林的父母先给他讲解了一些基本的安全知识和自行车的基本构造。

②明确练习目的和要求。只有学习者明确所学技能的目的和要求，他们才能自觉地组织自己的行动来掌握这种技能。材料中，小林明确了常走路段的路况，知道了自己骑车的目的和路况对自己骑车技术的要求。

③形成正确的动作映象。在学习者对所学的操作技能进行练习之前或在练习过程中，指导者应通过自己的动作示范帮助学习者在头脑中形成正确的动作映象。材料中，小林的父亲演示了如何启动自行车、如何保持身体的平衡、如何转弯以及如何停车，以便小林在头脑中形成骑自行车的正确动作映象。

④获得一定的学习策略。操作技能的学习也包含学习策略或者窍门问题。一旦学习者利用外加的策略有效地完成任务后，这些策略就会成为学习者的经验，并有可能自发地在后继学习中加以运用。材料中，小林的父亲一边示范，一边讲解保持平衡的技巧，以便小林学到这些窍门。

35.【答案要点】

（1）案例中，教师与家长的沟通秉持了正确的家校沟通观念：（5 分）

①体现了教师与家长具有平等的地位。教师和家长都是对学生的发展有重要影响的教育主

体，在对学生的教育中具有平等的地位。案例中的教师在面对家长的质疑时，以平和的心态去和家长解释，体现了教师把学生家长置于平等的地位。

②转变了家长的教育观念。教师相比较于家长来说具有更加专业和系统的知识、理念等，当教师耐心给家长解释之后，不仅使家长理解了教师的做法，也能够转变家长的教育观念。

（2）家校合作应遵循的基本要求：（5分）

①发挥学校教育的主导作用。学校教育的系统性和组织性较强，因此学校应充分发挥其优势，要经常与学生家长联系，实现家庭教育与学校教育的双向结合。

②发挥家庭教育的奠基作用。家庭要为学生创设良好的家庭教育环境，增强家庭育人意识，从而培养学生良好的学习习惯和道德品质。

③坚持教育要求的一致性。无论是家庭教育还是学校教育，对学生的发展都具有重要影响。所以家庭和学校在对学生提出教育要求时，方向上需要保持一致，这样才能使学生明确努力的方向。

（3）健全学校家庭社会协同育人机制的路径：（5分）

①学校充分发挥协同育人主导作用，包括及时沟通学生情况、加强家庭教育指导、用好社会育人资源。

②家长切实履行家庭教育主体责任，包括提高家庭教育水平、主动协同学校教育、引导子女体验社会。

③社会有效支持服务全面育人，包括完善社会家庭教育服务体系、推进社会资源开放共享、净化社会育人环境。

36.【答案要点】

（1）案例中，甲同学运用了首字联词法、谐音联想法等记忆术，了解知识之间的逻辑和背景，主要体现了精细加工策略，属于认知策略。乙同学做计划、监控自己的学习过程并调整，主要体现了计划策略、监控策略、调节策略，属于元认知策略。丙同学安排学习时间、选择学习环境、调整心境、寻求帮助，主要体现了时间管理策略、环境管理策略、努力管理策略和学业求助策略，属于资源管理策略。（9分）

（2）学习策略可以帮助学生更有效地组织、理解和应用所学的知识，提高学习质量和学习效率。掌握学习策略对学生学习的意义如下：（6分）

①提高学习效率。学习策略可以帮助学生有效地管理学习时间和资源，使学习更加高效。例如，制订学习计划和时间表、分解复杂任务、选择适合的学习方法等，都可以帮助学生更好地利用时间，避免拖延，集中精力进行学习。

②加深理解和记忆。学习策略可以帮助学生更好地理解和记忆学习内容。通过采用深度加

工策略、构建关联和意义、使用记忆技巧和思维导图等，学生可以更深入地理解和整合所学的知识，提高记忆的持久性和迁移性。

③促进主动学习。学习策略可以鼓励学生主动参与学习过程，积极思考和探索。例如，给自己提问题、解决问题、寻找信息来源、合作学习等策略可以帮助学生主动思考和建构知识，激发学习的兴趣和动力。

④培养自主学习能力。学习策略可以培养学生的自主学习能力和学习意识。学生通过运用学习策略，逐渐学会自我监控、调节学习进度和采取适合的学习方法，从而更好地适应不同的学习任务和学习情境。

⑤提高问题解决能力。学习策略可以培养学生的问题解决能力和批判思维能力。学生通过运用各种学习策略，在解决问题和应对挑战的过程中可以培养分析、推理、判断和创造的能力，提高学术能力和实践问题的解决能力。

2025年333教育综合预测卷四
答案及解析

一、单项选择题：第1~30小题，每小题2分，共60分。

答案速查表

1.C	2.B	3.A	4.D	5.D
6.C	7.C	8.B	9.C	10.D
11.D	12.B	13.C	14.A	15.C
16.B	17.C	18.C	19.D	20.C
21.D	22.C	23.B	24.B	25.A
26.D	27.A	28.D	29.D	30.B

答案及解析

1.【答案】C

【解析】家庭教育是指以家庭为单位，父母或主要监护人在家庭里自觉、有目的、有意识地对子女进行的教育活动。家庭教育的特征有：（1）从确定培养目标的依据来看，家庭教育没有统一的、固定的目标和目的；（2）在教育内容方面，家庭教育的内容是不确定的，通常是“遇物而诲，相机而教”；（3）在教育过程方面，家庭教育具有非规范化和非程序化的特点；（4）在组织管理方面，家庭教育的实施是非制度化的，家长具有很大的自主权。所以，本题答案选C。

2.【答案】B

【解析】“筛选假设理论”，又称“文凭理论”。该理论继承和批判了人力资本理论的思想，提出教育的主要作用在于释放信号，雇主可以根据求职者释放的教育信号进行筛选。在招聘求职者时，筛选假设理论会让雇主们认为，具有高学历的求职者的劳动生产力比低学历的求职者的更高，这就造成了文凭主义、文凭买卖的现象。所以，本题答案选B。

3.【答案】A

【解析】A. 个体社会化功能：人接受社会文化的过程，即由一个“自然人”变成“社会人”的过程。

B. 个体个性化功能：个体在社会生活中追求独特性、自主性和创造性的过程。

C. 个体享用功能：教育成为个体生活的需要，受教育的过程是需要满足的过程，在满足需要的过程中，个体可以获得自由和幸福，获得一种精神上的享受。

D. 个体谋生功能：个体谋求某种社会职业必须以接受相关的教育和训练为前提，教育是促进个体职业社会化的重要手段。

根据题干可知，“狼孩”“熊孩”等由于脱离人的生活环境，没有了人的思维、意识和行为方式，这反映了社会化是人之为人的根本。个体在一定社会环境的影响下，才能获得社会生活所必需的知识、技能和行为方式。所以，本题答案选 A。

4.【答案】D

【解析】马克思主义关于人的全面发展的内涵极为丰富，突出表现为：（1）人生产物质生活本身的劳动能力的全面发展；（2）人才能的全面发展；（3）人的自由发展；（4）人的全面发展不仅指全社会人的全面发展，而且个人的全面发展是全社会人的全面发展的条件。所以，本题答案选 D。

5.【答案】D

【解析】《中国教育现代化 2035》提出了推进教育现代化的八大基本理念：更加注重以德为先，更加注重全面发展，更加注重面向人人，更加注重终身学习，更加注重因材施教，更加注重知行合一，更加注重融合发展，更加注重共建共享。同时，明确了推进教育现代化的基本原则：坚持党的领导、坚持中国特色、坚持优先发展、坚持服务人民、坚持改革创新、坚持依法治教、坚持统筹推进。所以，本题答案选 D。

6.【答案】C

【解析】核心课程要求围绕一个核心组织教学内容和教学活动。社会问题课程是核心课程的重要表现形式，即以当代社会问题为中心组织的课程。它主要针对某个社会问题，从不同的学科角度组织教学内容。所以，本题答案选 C。

7.【答案】C

【解析】课程内容组织有三条原则，即连续性、顺序性、整合性。连续性是指直线式地陈述主要的课程内容；顺序性要求每一后继内容应以前面的内容为基础，同时又对前面的内容加以深化、拓展；整合性则强调保持各种课程内容之间的横向联系，以便帮助学生获得一种统一观念。根据题干可知，要想促进学生人格的完善，就需要对学生的经验进行整合。在学生不断学习和发展的过程中，新学习的经验要与既有的经验在交互作用中不断整合起来，学生的经验由此不断增长，人格也不断完善。所以，本题答案选 C。

8.【答案】B

【解析】根据题干可知，该学者是在批判学校将学科中的每一门归到某一类去，已经归类的各门科目是许多年代的科学的产物，并不是儿童经验的产物，即批判学科中心课程。所以，本题答案选 B。

9.【答案】C

【解析】中小学常用的教学方法有很多种，分类的维度也不尽相同。从教师、学生、教育内容等方面综合考虑，可以把教学方法做如下分类：（1）以语言为主的教学方法，包括讲授法、谈话法、讨论法；（2）以直接感知为主的教学方法，包括演示法、参观法；（3）以实践为主的教学方法，包括实验法、实习法、练习法。所以，本题答案选 C。

10.【答案】D

【解析】范例教学模式是由德国教育心理学家瓦根舍因提出来的，该模式主张选取典型案例，通过对范例的研究，使学生掌握具有普遍性的规律、原理的知识。范例教学模式比较适合原理、规律性的知识。所以，本题答案选 D。

11.【答案】D

【解析】当代社会进入信息时代，教学也随之发生变化。根据题干可知，由于“知识爆炸”，知识经验陈旧周期加快，传统的重视知识传授的教学观受到了挑战，现代教学的主要任务不再只是知识的传授，而是学生能力的培养，即“授人以渔”。所以，本题答案选 D。

12.【答案】B

【解析】课程资源是指满足课程活动所需要的思想、知识、人力、物力，它可以按三级课程管理分为国家、地方和学校三个层面。根据课程资源的空间分布，课程资源可分为校内课程资源和校外课程资源。根据课程资源的存在方式，课程资源可分为显性课程资源和隐性课程资源。根据题干可知，公共图书馆、博物馆、科技馆、少年宫、养老院等属于隐性课程资源。所以，本题答案选 B。

13.【答案】C

【解析】A. 项目式教学：一种以儿童兴趣与需求引发的项目为核心，支持儿童在真实的问题情境下积极参与、合作探究与多元展示的生成教学模式。

B. 探究性教学：学生在教师指导下，通过以“自主、探究、合作”为特征的学习方式对当前教学内容中的主要知识点进行自主学习、深入探究并进行小组合作交流的一种教学模式。

C. 大单元教学：以单元为学习单位，依据学科课程标准，聚焦学科课程核心素养，围绕某一主题或活动，对教学内容进行整体思考、设计和组织实施的教学过程。

D. 混合式教学：把学生作为教学活动的主体，在多种教学手段的支持下，采用最适宜的教学方法的教学组织形式。也可以说，混合教学是将在线教学和传统教学的优势结合起来的一种“线上 + 线下”的教学。

根据题干可知，“综合考虑课标、学情及现实条件，二年级下学期教师聚焦毛毛虫及毛毛虫精神设计了‘蜕变’这一教学单元”即依据综合的逻辑，指向问题解决的过程，整合不同学科的知识。在该单元的学习过程中，学生需要用到不同学科的知识，完成该单元学习的过程，这既是学生综合运用不同学科知识解决问题的过程，也是学生核心素养提升的过程。所以，本题答案选C。

14.【答案】A

【解析】个体品德结构中的知、情、意、行等要素，是相互制约、相互促进的，共同推动了个体思想品德的发展。在进行德育时，应该晓之以理、动之以情、持之以恒、导之以行，全面关心学生品德中知、情、意、行的培养，使它们全面而和谐地发展。所以，本题答案选A。

15.【答案】C

【解析】A、B、D三个选项描述的是教师的权利，C选项描述的是教师的义务。所以，本题答案选C。

16.【答案】B

【解析】科学和技术教育包括生产和军事科学技术知识教育及自然科学知识教育，其目的在于帮助兼士获得“各从事其所能”的实际本领。墨家这部分的教育内容有较高的科学价值，其中不少在当时世界上居于领先地位，是其最具特色的教育内容。所以，本题答案选B。

17.【答案】C

【解析】A.今文经学多为汉初凭经学大师的记忆和背诵下来的“六经”旧典；古文经学是汉武帝时从地下或孔壁中挖掘出来，或通过其他途径保存下来的儒经藏本。

B.今文经学发展在先；古文经学发展在后。

C.古文经学的初本是先秦的古文字。

D.今文经学依据政治的需要来解释经学，迎合统治者的意志；古文经学重视文字训诂、名物考据，倾向于研究“六经”的本意，恢复儒学的本来面目。

根据题干可知，C项是正确的表述。所以，本题答案选C。

18.【答案】C

【解析】福建船政学堂是中国近代第一个也是洋务运动时期最大的专门制造近代轮船的工厂，还是洋务学堂中持续时间最久且办得最有成效的一所，同时还是中国近代最早以半工半读的形式有计划地培养生产和技术骨干的学校。所以，本题答案选C。

19.【答案】D

【解析】A.由匡互生、周予同等北京高等师范学校学生于1919年2月发起组织的工学会，倡导“工学主义”，主张把工学作为实现民主自由、发展实业、救济中国社会的武器。

B.由王光圻发起组织的北京工读互助团，其理想是建立一个无阶级、无剥削、无贫穷的“少年中国”，途径是通过社会活动和社会事业创建，即“一种有基础事业的文化运动”。

C.以李大钊为代表的初步具有共产主义思想的知识分子也倡行工读，提出了工人和农民的工读问题，也支持青年学生的工读互助实验，尤其是号召知识青年到工农中去，初步提出了知识分子与工农结合的思想。

D. 以胡适、张东荪为代表的纯粹工读主义者将工读看作纯粹的经济问题。胡适认为，工读主义“不过是靠自己的工作去换点教育经费而已”，算不了什么“了不得”的新生活。

根据题干可知，认为“工读只是用自己的劳动换一些求学经费而已”的是胡适。所以，本题答案选 D。

20.【答案】C

【解析】抗日根据地的社会教育重心在成人教育，其组织形式主要有：冬学、民众学校（民校）、夜校、半日校、识字班（组）、读报组，以及剧团、俱乐部、救亡室等。其中，冬学和民校适应分散的农村群众生产和生活实际，是最受欢迎、最普遍、最广泛的社会教育形式。所以，本题答案选 C。

21.【答案】D

【解析】古风时期，雅典男孩 7 岁后开始进入文法学校、弦琴学校学习；到 13 岁左右，雅典男孩在文法学校和弦琴学校学习的基础上，还要进入体操学校（角力学校）；雅典青年 18~20 岁进入埃弗比（青年军事训练团）。所以，本题答案选 D。

22.【答案】C

【解析】A. 昆体良坚持把良好道德的培养放在教育任务的首位，在雄辩术上达到完美境界则放在第二位。

B. 昆体良认为学校教育优于家庭教育。

C. 昆体良认为要使最初的教育成为一种娱乐。

D. 昆体良希望儿童先学希腊语，然后学拉丁语，最后两种语言的学习同时并进。

根据题干可知，要使最初的教育成为一种娱乐符合昆体良的观点。所以，本题答案选 C。

23.【答案】B

【解析】人文主义教育仍具有宗教性，几乎所有的人文主义教育家都信仰上帝。他们虽然抨击天主教会的弊端，但不反对宗教，更不打算消灭宗教，他们希冀用世俗和人文精神改造中世纪陈腐专横的宗教性，以造就一种更富世俗色彩和人性色彩的宗教性。所以，本题答案选 B。

24.【答案】B

【解析】英国教育从 20 世纪初到第二次世界大战期间形成了中央和地方相结合，地方为主的教育管理体制。所以，本题答案选 B。

25.【答案】A

【解析】20 世纪 70 年代美国开展了以“生计教育”和“返回基础”为主题的教育改革。所以，本题答案选 A。

26.【答案】D

【解析】A. 胆汁质：精力充沛，直爽热情，好胜心强。但脾气暴躁，不稳重，常常缺乏耐心，难以坚持完成一项工作。

B. 多血质：活泼好动，热情大方，思维活跃，善于表现自己，适应环境的能力很强。但注意力易分散，做事轻率不踏实，兴趣容易变化。

C. 黏液质：思维比较迟缓，反应速度慢，性格比较内向，不善于表达自己，不喜欢交际，多愁善感。但注意力比较集中，兴趣稳定，能够深入思考，富有想象力。

D. 抑郁质：胆小怯弱，多愁善感，反应速度慢，刻板不灵活，性格内向。但观察细致，考虑问题周到，自制力强，善于忍耐。

根据题干关键词“孤僻、多愁善感”即可定位抑郁质这一气质类型。所以，本题答案选 D。

27.【答案】A

【解析】A. 代币奖励法：以代币作为强化物，使用代币及其交换系统对个体行为进行强化的一种行为矫正方法。

B. 行为塑造法：对与期望行为越来越接近行为的强化过程。它旨在通过小步反馈帮助学生达到目标。

C. 系统脱敏法：诱导求治者缓慢地暴露导致神经症焦虑、恐惧的情境，并通过心理放松来对抗这种焦虑情绪，从而达到消除焦虑或恐惧的目的。

D. 肯定性训练：又称自信训练、果敢训练，其目的在于促进个人在人际关系中公开表达自己的真实情感和观点，既维护自己的权益也尊重别人的权益，发展人的自我肯定行为。

根据题干可知，小星星是代币，以小星星为强化物建立交换系统，换取终极强化物——无人机，这种方法是代币奖励法。所以，本题答案选 A。

28.【答案】D

【解析】A. 上位学习：新概念或新命题具有较广的包容面或较高的概括水平。这时，新知识通过把一系列已有的观念包含于其下而获得意义，新学习的内容便与学生认知结构中已有的观念产生了一种上位关系。

B. 并列学习：当新概念或新命题与认知结构中已有的观念既不产生下位关系，又不产生上位关系的学习时，它们之间可能存在组合关系。

C. 派生类属学习：新的学习内容仅仅是学生已有的、包容面较广的命题的一个例证，或是能从已有命题中直接派生出来的。

D. 相关类属学习：当新内容扩展、修饰或限定学生已有的命题并使其精确化时，表现出来的就是相关类属。

根据题干可知，后面学习“菱形”时用“平行四边形”加以限定，属于相关类属学习。所以，本题答案选 D。

29.【答案】D

【解析】阿特金森认为，成就动机受成就需要、期望水平以及诱因值三个因素的影响。所以，本题答案选 D。

30.【答案】B

【解析】顺向迁移是指先前的学习对后来的学习的影响；逆向迁移是指后来的学习对先前学习的影响；正迁移是指一种学习对另一种学习的积极影响；负迁移是指一种学习对另一种学习的消极影响。根据题干可知，“学习完英语再学日语，日语发音会受到英语发音的干扰”，即先前的学习（学英语）对后来的学习（学日语）有消极影响，这属于顺向负迁移。所以，本题答案选 B。

二、论述题：第 31~32 小题，每小题 15 分，共 30 分。

31.【答案要点】

张之洞是晚期洋务派的主要代表人物，他在《劝学篇》中全面阐述了“中学为体，西学为用”的教育观点。因其积极倡导改革传统教育和大力兴办新式教育，成为我国封建教育制度的终结者和掘墓人。（3 分）

（1）《劝学篇》中对“中体西用”思想的系统阐述。（6 分）

张之洞发表《劝学篇》，全面阐述了“中学为体，西学为用”的教育观点，是对洋务运动的理论总结，并试图为以后的中国改革提供理论依据。《劝学篇》分为内篇和外篇，“内篇务本，以正人心；外篇务通，以开风气”，通篇主旨归于“中学为体，西学为用”。

①“中学”与“西学”的内涵。“中学”也称“旧学”，“四书五经，中国史事、政书、地图为旧学”。对“中学”的各个方面都要通其大概，但他最注重的是纲常名教。“西学”也称为“新学”，“西政、西艺、西史为新学”，“西政”是指西方文教政策、工商财政等管理层面的文化，“西艺”是指近代西方的科技，“西史”是指西方各国的历史。

②“中学”与“西学”的关系。一方面，“旧学为体，新学为用，不使偏废”，即以中国的纲常名教作为决定中国社会命运的根本，但是利用西方资本主义国家的近代科学技术来促进中国社会的发展，中学和西学两者都要学，不可偏废。另一方面，“中学治身心，西学应世事”，即以中国的传统学问修养身心，以西方的科学技术应对时事。

（2）“中体西用”思想的历史作用与局限性。（6 分）

①历史作用。a. 启动了中国近代教育改革的步伐，催发新式教育产生，兴办新式学堂，教育内容增加了自然科学知识，开展留美教育等，打破了儒学一统天下的传统教育格局。b. 引进了西方近代科学、课程及制度，对清末教育改革既有思想层面的启发，又有实践层面的推动。c. 极大地冲击了传统教育的价值观，为新式教育进一步推广扫清了障碍。

②局限性。a. 由于“中体西用”的根本目的是维护封建统治，使新式教育一直受到“忠君”“尊孔”的封建教条的束缚，阻碍了新式教育的发展历程，尤其是阻碍了维新思想更广泛传播，不利于近代刚刚开始的思想启蒙运动。b.“中体西用”作为中西文化接触后的初期结合方式，有其历史的合理性。但它是在没有克服中学和西学之间固有的内在矛盾的情况下的直接嫁接，必然会引起两者之间的排异性反应。

32.【答案要点】

（1）20 世纪 20 年代的教育改革。（9 分）

①“综合教学大纲”。20 世纪 20 年代，苏联公布了《国家学术委员会教学大纲》（通称“综合教学大纲”或“单元教学大纲”）。新大纲的主要特点有：取消学科界限，将指定要学生学习的全部知识按自然、劳动和社会三个方面的综合形式加以排列，并以劳动为中心。

②“劳动教学法”。在实施新大纲的同时，相应地改变了教学方法，采取了“劳动教学法”，即在自然环境中，在劳动和其他活动中进行教学，一些学者主张废除教科书，广泛推行“工作手册”“活页课本”“杂志课本”等。在教学的组织形式上，主张取消班级授课制而代之以分组实验室制（“道尔顿制”）和设计教学法等。

③影响。新大纲力图打破学科界限，加强教学内容同生活的联系，其出发点是好的，但破坏了各学科之间的内在逻辑，导致教学质量下降，削弱了学校中系统的理论知识学习和基本的读、写、算能力的训练。“综合教学大纲”虽未普遍推行，但对苏联的教育产生了深远影响。

（2）20 世纪 30 年代的教育改革。（6 分）

①《关于小学和中学的决定》。为了满足国家建设的需要并解决教育发展中存在的问题，1931 年苏联通过了《关于小学和中学的决定》。其内容如下：a. 建议立刻组织对教学大纲进行马克思主义的科学研究工作，保证在教学大纲中有范围明确的各种系统知识。b. 要求在学校中采取有助于培养主动的、积极的社会主义建设参加者的各种新的教学方法，坚决反对轻率鲁莽的教学法上的空洞计划。c. 普通教育阶段一定要使学生有足够的读、写、算的能力，授予学生各种科学的基本知识，要求学校依据规定的教育计划和教学大纲等严格进行各科教学。d. 要求学生的一切社会生产劳动必须服从于学校的教育和教学目的。e. 反对大规模地传播没有预先在实践中检验过的方法。f. 恢复班级授课制。

②影响。苏联在第二次世界大战前基本上完成了扫除文盲的任务，各级的教育都得到了很大的发展。《关于小学和中学的决定》在一定程度上扭转了 20 世纪 20 年代所出现的各种弊病，提高了教育质量，使苏联的教育取得了很大的成就。但这一决定过分强调对学生的知识教育，结果导致学校工作走上了另一个极端，即忽视学生的劳动教育。

三、材料分析题：第33~36小题，每小题15分，共60分。

33.【答案要点】

（1）材料中所体现的教育功能：（6分）

①教育的负向功能：阻碍个体发展和社会进步的消极影响和作用。材料中，“学校教育过程中的这种制度化生活有可能使儿童丧失其天性”体现了教育的负向功能。

②教育的个体发展功能：教育的根本目的在于促进人的全面发展。教育活动对受教育者身心发展所起的作用构成了教育的个体发展功能，它主要表现为促进个体的个性化和个体的社会化。材料中，“制度化生活有可能使儿童丧失其天性，但同时儿童也逐步实现着个体的社会化”体现了教育的个体发展功能。

（2）制度化教育的优势与局限：（4分）

制度化教育是指由专门的教育人员、机构以及运行机制所构成的教育形态。

①优势：制度化教育的出现是人类教育文明的一大进步，也极大地推动了人类整体文明的进步。它组织性、系统性强，有利于提高教学效率，保证教学质量。

②局限：高度制度化、组织化、规范化的教育容易扼杀学生的个性和创造性，阻碍学生的自主学习，降低人类自我成长的责任心，在一定程度上会加剧社会分层。

（3）教育制度改革：（5分）

①构建终身教育体系：终身教育从纵向方面寻求教育的连续性和一贯性，从横向方面寻求教育的统合，使任何一个年龄阶段、任何一种职业的人都有自己对应的接受教育、学习的地方。既要有制度化教育，也要有非制度化教育；既要有学校教育，也要有家庭教育、社会教育，以便满足不同群体的不同教育需求。

②构建开放型的教育系统：如高中办学体制多样化，高等教育多层次、多类型且面向在职人员开放，实行学分制和选课制，等等，由此激发学习者的学习热情，健全个性的发展。

34.【答案要点】

材料体现了建构主义的观点。（3分）建构主义的基本观点如下：（12分）

（1）知识观。

①知识的动态性（相对性）。知识是人们在社会实践中建立起来的暂定性的解释和假设。它具有相对性、不确定性，是不断发展的。

②知识的情境性。强调知识应用的情境性，知识并不能精确地概括世界的法则，在具体问题中需要针对具体情境进行再创造。

③知识的主观性。个体的知识是由人建构起来的，对事物的理解不仅取决于事物本身，还取决于我们原来的知识经验背景和特定情境下的学习历程。

（2）学生观。

①引导学生生长。教学不能无视学生已有的经验，而要把学生已有的知识经验当作新知识的生长点，引导学生从原有的知识经验中“生长”出新的知识经验。

②尊重学生差异。教师应该重视学生自己对各种现象的理解，洞察他们想法的由来，引导他们丰富或调整自己的理解。

（3）学习观。

①主动建构性。学习是积极主动地利用先前的经验，建构自己对新知识的理解，学生是主动的信息构建者。

②社会互动性。学习通过学习共同体的合作互动来完成，即学习任务是在真实的实践活动中通过各成员的沟通交流和共同分享学习资源完成的。

③活动情境性。知识是不能脱离活动情境而抽象存在的，学习应该与情境化的社会实践活动结合起来。

（4）教学观。

①为学生组织知识建构的活动。教学应激发出学生原有的相关知识经验，促进知识经验的“生长”。教师要为学生组织知识建构的活动，以促成知识经验的重新组织、转换和改造。

②为学生创设学习情境。教师要为学生创设理想的学习情境，激发学生的推理、分析、鉴别等高级思维活动。

35.【答案要点】

（1）作业的作用：（3分）

①对学生。通过作业加深学生对所学知识的理解和巩固，帮助学生掌握一定的技能、技巧。

②对教师。通过作业的布置和批改，一方面教师可以及时了解和发现学生在知识或技能方面存在的不足，另一方面教师可以根据学生作业的完成情况给他们提出后续学习的针对性建议。

（2）教师布置作业的要求：（6分）

①作业分量适宜。该中学把许多套习题精简为一本的量，他们称之为“有效作业”，这是在不断提升作业质量、减少作业数量。

②作业形式多样。2019年，该中学逐步探索创新作业类型方式，开始布置体育作业、劳动作业和社会实践作业等任务清单。

③考虑不同学生的需求。该中学从2013年开始探索作业分层，把作业分成了必做题、选做题、自选题、错题纠正四个部分。

④力求理论联系实际。除了书面作业，还有社会实践作业，将作业与实际问题相结合。

（3）中小学作业变革的趋势：（6分）

①在目标定位方面，从知识转向素养。在新课标的要求下，作业直接对标的是学科核心素

养要求，不能仅看到静态的知识要求，还应该看到对学生动态生长的要求，看到作业里内嵌的正确价值观、必备品格和关键能力的要求。

②在任务设计方面，从零散转向整体。由于现代社会追求培养全面发展的人，作业不应单纯只局限于学科内部，而应更加注重学生综合能力的培养。

③在难度设计方面，从同质化转向个性化。有时候，教师布置的作业没有考虑到不同学生的实际学习水平，影响学生做作业的积极性。要想真正发挥作业的价值，分层布置作业也是作业变革的重要趋势。

36.【答案要点】

（1）在上述案例中，影响问题解决的因素主要是功能固着。（2 分）功能固着是一种特殊类型的消极定势，是指人们把某种功能赋予某种物体的倾向，使个体想到某个物体的惯常用途后，往往很难想出它的新用途。案例中，被试只看到了钳子的常用功能，如剪短铁丝之类的功能，没有意识到在一些情况中钳子还可以被当作重物使用。（3 分）

（2）除功能固着外，影响问题解决的因素还有如下几个：（10 分）

①相关的知识经验。主要是通过数量（知识总量）和质量（知识结构）两方面制约问题解决的效率。每一个问题的解决都需要以一定的知识作为基础，知识经验能促进问题解决者对问题的表征和解答。

②个体的智力与动机。a. 智力：个体的智力水平是影响问题解决的重要因素。智力的变量主要通过以下三个中介作用于问题解决：提取及运用背景性命题、突破心理定势、运用问题解决策略。b. 动机：动机是促使问题解决的动力因素，中等强度的动机水平有利于问题的解决。

③问题情境与表征方式。a. 问题情境：问题情境中各素材元素的空间集合方式直接影响问题的解决。问题的呈现方式也会影响问题解决的过程。b. 表征方式：问题表征就是对问题呈现的内化，是关于问题呈现的内在心理状态，是问题的目标状态、问题的已知条件以及由它们构成的问题起始状态在心理系统中的构造方式。

④思维定势。思维定势是指人用某种固定的思维模式去分析问题和解决问题。这种固定的模式是已知的，事先有所准备的。在问题情境不变的条件下，思维定势能使人应用已掌握的方法迅速地解决问题；而在问题情境发生变化的情况下，思维定势就会妨碍人采用新的解决方法。

⑤原型启发与酝酿效应。a. 原型启发：通过与假设的事物具有相似性的东西，来启发人们解决新问题的途径。b. 酝酿效应：当一个人长期致力于某一问题而又百思不得其解的时候，如果他暂时停下对这个问题的思考，去做别的事情，会由于某种契机突然产生灵感，使问题迎刃而解。

2025 年 333 教育综合预测卷五
答案及解析

一、单项选择题：第 1~30 小题，每小题 2 分，共 60 分。

答案速查表

1.D	2.A	3.B	4.A	5.D
6.B	7.C	8.B	9.C	10.B
11.C	12.B	13.C	14.A	15.B
16.D	17.D	18.B	19.B	20.C
21.B	22.A	23.D	24.D	25.A
26.B	27.B	28.B	29.C	30.C

答案及解析

1.【答案】D

【解析】依据教育作用方向的不同，教育功能可分为正向功能和负向功能。正向功能是指有助于个体发展和社会进步的积极影响和作用；负向功能是指阻碍个体发展和社会进步的消极影响和作用。依据教育作用的呈现形式的不同，教育功能可分为显性功能和隐性功能。显性功能是依照教育目的、任务和价值期待，在实际运行中所体现出来的与之相符合的功能；隐性功能是伴随显性教育功能所出现的、非预期的且具有较大隐藏性的功能。根据题干可知，批判教育学学者是在批判学校教育维护现实社会的不公平，复制原有的社会关系，再现不平等，这属于教育的负向功能，并且它并非在预期之内。所以，本题答案选 D。

2.【答案】A

【解析】各级各类教育在促进劳动力的转换中具有不同的作用。职后的继续教育和岗位培训是针对生产中的某个问题而进行的专门的培训和学习，对于提高劳动者的技术熟练程度、生产率、技术改进能力以及科学管理能力都具有直接的意义。根据题干可知，熟练工人在接受教育之后提高了工作效率，这说明教育可以使潜在的劳动力转换为现实的劳动力，促进经济的发展。B、C、D 选项的说法本身无误，但不符合题意。所以，本题答案选 A。

3.【答案】B

【解析】A. 差异性：尽管正常人的身心发展要经历一些共同的基本阶段，但由于遗传、环境、教育等因素的不同，个别差异仍然非常明显。

B. 顺序性：人的身心发展具有一定的方向性和顺序性，既不能逾越，也不能逆向发展。

C. 整体性：人的发展是整体性的发展，包括生理、心理、社会性等不同层面。教育面对的是一个个活生生的整体的人，不从整体上把握教育对象的特征，就无法教育人。

D. 不平衡性：人的发展并不总是匀速直线前进的，不同系统的发展速度、起始时间、达到的成熟水平是不同的；同一机能系统在发展的不同时期（年龄阶段）也有不同的发展速率。

根据题干可知，我们要顺应儿童的自然本性进行教育，如果打乱次序，就会造成一些儿童早熟，这说明教育要遵循人身心发展的顺序性，循序渐进地促进个体的身心发展。所以，本题答案选 B。

4.【答案】A

【解析】教育作为一种培养人的社会活动，源于社会需要，同时也受社会制约。因此，教育无不带有各个时代社会的特点和要求，无不体现一定的社会性质。1949 年以来，我国的教育目的也充分体现了这一特点。但不同于历史上任何社会的教育目的，它是为社会主义巩固和发展服务的，是为社会主义和谐进步服务的。维护社会主义利益，为社会主义服务，一直是我国教育目的的根本所在，我国教育目的所确定的社会主义性质始终没有变。所以，本题答案选 A。

5.【答案】D

【解析】美国学者马丁·特罗教授在《从大众向普及高等教育的转变》和《高等教育的扩张与转化》中提出了高等教育发展阶段划分的理论：当一个国家大学适龄青年中接受高等教育者的比率在 15% 以下时，属于精英高等教育阶段；15%~50% 为大众化高等教育阶段；50% 以上为普及化高等教育阶段。所以，本题答案选 D。

6.【答案】B

【解析】直线式是将一门学科的内容按照逻辑体系组织起来，其前后内容基本上不重复。螺旋式是特定学科内容在不同学习阶段乃至同课程门类中重复呈现，使学科内容不断拓展与加深。根据题干可知，生物学在一年级、二年级、三年级、四年级、五年级重复呈现，是典型的螺旋式课程。所以，本题答案选 B。

7.【答案】C

【解析】科学-实证主义课程评价观又称“传统评价观”，它采用标准参照测验测量学生的学业，以此判断课程目标实现的程度。其倡导者把评价的重点放在课程结果上，试图解答“是什么结果”的问题。人文-自然主义课程评价观又称“新潮课程评价观”。其倡导者非常注重环境对课程的影响以及课程运行的整个过程，认为在评价过程中，不仅应该考虑测试的结果，还应该考虑多种因素，考虑课程的广阔背景。他们把评价的重点放在课程运行的过程上，试图解答“为什么”的问题。所以，本题答案选 C。

8.【答案】B

【解析】文化多元或多元文化是指社会内部多种文化的并存状态。根据题干可知，“如何使学校课程体现文化间的差异，在尊重各少数民族文化、各社会阶层的同时，将主流文化与少数族群文化整合起来……”即学校课程需要考虑文化的多元性，将不同的文化纳入学校课程中。所以，本题答案选 B。

9.【答案】C

【解析】知识中心（学科中心）课程理论流派的代表人物有赫尔巴特、斯宾塞等，它主要有要素主义和永恒主义。学习者中心课程理论的代表人物有杜威和奈勒，主要包括经验主义课程论和存在主义课程论。所以，本题答案选 C。

10.【答案】B

【解析】A. 直观性原则：在教学中通过引导学生观察所学事物或图像，聆听教师用语言对所学对象的形象描绘，形成有关事物具体而清晰的表象，以便理解所学知识。

B. 启发性原则：在教学中教师要激发学生的学习主体性，引导他们经过积极思考与探究自觉地掌握科学知识，学会分析问题和解决问题，树立求真意识和人文情怀。

C. 巩固性原则：教学要引导学生在理解的基础上牢固地掌握知识和技能，使其长久地保持在记忆中，能够根据需要迅速再现出来，以利于知识技能的有效运用。

D. 量力性原则：教学的内容、方法和进度，既要适合学生已有的发展水平，又要有一定的难度，激励学生经过努力才能掌握，以便有效地促进他们的身心发展。

根据题干可知，教师通过简要介绍学习内容的背景来调动学生学习的主动性，符合启发性原则的基本要求。所以，本题答案选 B。

11.【答案】C

【解析】A. 混合教学：把学生作为教学活动的主体，在多种教学手段的支持下，采用最适宜的教学方法的教学组织形式。也可以说，混合教学是将在线教学和传统教学的优势结合起来的一种“线上 + 线下”的教学。

B. 复式教学：把两个或两个以上年级的学生编成一班，由一位教师在同一节课里对不同年级的学生进行不同内容的教学的组织形式。主要特点是直接教学和学生自学或做作业交替进行。

C. 翻转课堂：学生课前在家中或课外观看教师的视频讲解，自主学习，教师不再占用课堂的时间来讲授信息；在课堂上，师生有更多的时间面对面互动交流、答疑解惑、合作探究、完成作业的教学组织形式。

D. 分层教学：教师根据学生现有的知识、能力水平和潜力倾向把学生科学地分成水平相近的群体并区别对待，使这些群体在教师恰当的分层策略和相互作用中得到更好的发展和更大的提高。

根据题干可知，学校改革试验的教学组织形式为翻转课堂。所以，本题答案选 C。

12.【答案】B

【解析】教学设计的常用模式有：系统分析模式、系统方法模式（目标模式）、过程模式。其中，系统方法模式强调教学目标的基点作用，也最接近教师的实际教学，即在课程规定的教学内容与教学目标的条件下，如何根据学生的初始状态传递教学信息，怎样更快、更好地组织教学信息并将其用有效的方法传递给学生。所以，本题答案选 B。

13.【答案】C

【解析】题干中，教师在给学生讲授"共和国勋章"的知识时，借助共和国勋章获得者张富清的故事对学生进行思想品德教育，体现了教学过程中要处理好传授知识与培养思想品德的关系。所以，本题答案选 C。

14.【答案】A

【解析】价值单填写法是由教师选择某一能引起深思的社会问题，并设计一系列相关问题，先由学生独立填写价值单，然后学生之间或师生之间可以就这些问题的答案进行交流；澄清应答法是一种重要的价值澄清方法，通常指向单个学生，以短暂的、非正式的对话方式出现在教师能接触到学生的任何地方，通过教师对学生所说的话或所做的事做出反应，促使学生在头脑中提出问题，反省自己的生活、行为和思想，从而澄清他们自己的价值观；价值观延续讨论法是通过团体讨论帮助学生明确自己的价值观，并努力理解别人的价值观。根据题干可知，政治、宗教问题是不太适合口头交换意见的问题，更适合采取价值单填写法。所以，本题答案选 A。

15.【答案】B

【解析】影响师生关系的因素是多方面的。就教师而言，教师对学生的态度、教师的领导方式、教师的智慧、教师的人格因素等都会对师生关系产生影响。根据题干可知，当教师知道名单上的学生具有发展潜力后，在实际教学中可能会更加重视这些学生，即教师对这些学生的态度就会不一样。罗森塔尔等人的实验不仅证明了教师的态度与学生成绩的关系，还证明了教师的态度对师生关系的直接影响。所以，本题答案选 B。

16.【答案】D

【解析】《学记》规定学习过程中，每隔一年考查一次，以表示这一阶段学业的完成。考查常由主管学校的官员亲临主持。考查内容包括学业成绩和道德品行，不同的年级有不同的要求。所以，本题答案选 D。

17.【答案】D

【解析】1912 年初，蔡元培发表《对于教育方针之意见》一文，提出军国民教育、实利主义教育、公民道德教育、世界观教育和美感教育“五育”并举的教育思想。尽管“五育”各自的作用不同，但均是“养成共和国民健全之人格”所必需的，是统一整体中不可分割的有机部分。所以，本题答案选 D。

18.【答案】B

【解析】汉朝的私学弟子分为两种：一种是“及门弟子”或称“授业弟子”，其中许多人是私学大师的高足，直接聆听老师的教诲，甚至和老师一起辩论经义，商讨学术；另一种是“著录弟子”，他们大多是慕老师之名而来的，留下名字，老师承认他们为弟子，以后便可在需要的时候来请教。所以，本题答案选 B。

19.【答案】B

【解析】A.“壬寅学制”是中国近代第一个以中央政府名义制定的全国性学制系统。但“壬寅学制”公布后未及实行，很快被“癸卯学制”所取代。

B.“癸卯学制”是中国近代由中央政府颁布并首次得到施行的全国性法定学制系统，较“壬寅学制”更为系统详备。

C.“壬戌学制”，又称“六三三学制”，是中国近代史上实施时间最长、影响最大的学制。“壬寅学制”和“癸卯学制”以日本学制为蓝本，“壬戌学制”以美国学制为蓝本。

D. 1928 年 5 月，在中华民国大学院第一次全国教育会议上，以 1922 年“新学制”为基础并略加修改，提出了《整理中华民国学校系统案》，即“戊辰学制”。

根据题干可知，中国近代由中央政府颁布并首次得到施行的全国性法定学制系统是“癸卯学制”。所以，本题答案选 B。

20.【答案】C

【解析】全面抗日战争时期，为了进一步控制学生，强化训育，1938 年 3 月，国民政府教育部公布《中等以上学校导师制纲要》，规定在中等以上学校中推行导师制度。所以，本题答案选 C。

21.【答案】B

【解析】古希腊教育家苏格拉底提出正义和其他一切德行都是智慧，道德不是天生的，正确的行为基于正确的判断，题干中体现的是苏格拉底“知识即美德”的思想。所以，本题答案选 B。

22.【答案】A

【解析】夸美纽斯主张把世俗道德的培养从宗教中分离出来，成为一个独立的部分。所以，本题答案选 A。

23.【答案】D

【解析】大学推广运动最早出现在 19 世纪 40 年代，主要是指全日制大学以校内或校外讲座的形式将教育推广到非全日制学生。大学推广运动加强了大学与社会的联系，促使社会中下层阶级和女子有更多的接受高等教育的机会。1828 年，伦敦大学学院的成立拉开了新大学运动的序幕，这所学院不进行宗教教学，而是重视自然科学学科。在其带动下，19 世纪下半叶，英国城市学院纷纷成立。城市学院的兴起极大地改变了英国高等教育的传统，使科学教育步入大学的讲坛，高等教育从此面向中产阶级子弟开放。所以，本题答案选 D。

24.【答案】D

【解析】A. 苏联的一切学校（除高等学校外）一律命名为“统一劳动学校”——《统一劳动学校规程》。

B. 取消学科界限，将指定要学生学习的全部知识按自然、劳动和社会三个方面的综合形式加以排列，并以劳动为中心——《国家学术委员会教学大纲》（通称“综合教学大纲”或“单元教学大纲”）。

C. 在实施新大纲的同时，也相应地改变了教学方法，采取劳动教学法——“劳动教学法”。

D. 要求学生的一切社会生产劳动必须服从于学校的教育和教学目的——《关于小学和中学的决定》。

根据题干可知，《关于小学和中学的决定》要求学生的一切社会生产劳动必须服从于学校的教育和教学目的。所以，本题答案选 D。

25.【答案】A

【解析】杜威所力倡的思维是反省思维，即对某个经验情境中的问题进行反复的、严肃的、持续不断的思考，其功能在于求得一个新情境，把困难解决，疑虑排除、问题解答。反省思维包括五个步骤，这种思维与教学方法也称为“思维五步法”。所以，本题答案选 A。

26.【答案】B

【解析】A. 感知运动阶段：儿童通过探索感知觉与运动之间的关系来获得动作经验。主要特点是：从被动反应发展到主动探究、客体永恒性。

B. 前运算阶段：儿童还不能进行熟练的、合格的运算，但在逐渐掌握之中。主要特点是：泛灵论、自我中心主义、不可逆性、刻板性、尚未获得物体守恒的概念。

C. 具体运算阶段：儿童可以进行逻辑思维，但仍需具体事物的支持。主要特点是：获得守恒概念、去自我中心化、逻辑思维和群集运算、刻板地遵循规则。

D. 形式运算阶段：儿童的思维已经超越了对具体的可感知事物的依赖，使形式从内容中解脱出来。主要特点是：抽象思维获得发展、青春期自我中心。

题干中，“将一切都看成是有生命的”体现了泛灵论的特点，是处于前运算阶段儿童的特征。所以，本题答案选 B。

27.【答案】B

【解析】A. 视觉适应：生理适应。

B. 老马识途：经验引起的行为变化。

C. 青春期男孩变声：生理成熟引起的行为变化。

D. 服用兴奋剂提高成绩：药物引起的行为变化。

学习是个体在特定情境下由于练习或反复经验而产生的行为或行为潜能的比较持久的变化。所以，本题答案选 B。

28.【答案】B

【解析】A. 动机原则：教学应激发学生最基本的内在动机，即好奇内驱力、胜任内驱力、互惠内驱力。

B. 结构原则：任何知识结构都可以通过动作、图像和符号三种表征形式进行教学呈现，教师应考虑学生的年龄、知识背景和学科的性质选择最佳的知识结构进行传授。

C. 程序原则：又称序列原则，教学就是引导学生通过有条不紊地陈述问题或大量知识的一系列结构，提高学生对知识的掌握、转化和迁移能力。

D. 强化原则：学生必须获得学习结果的反馈，这对学生的学习起着强化作用。因此，教学规定适当的强化时间和步调是学习成功的重要一环。

题干中的关键词“呈现知识”“知识背景”，即要符合结构原则，也就是根据学生的知识经验，选择是用图像、动作还是符号来呈现知识内容。所以，本题答案选 B。

29.【答案】C

【解析】A. 高趋低避型：这类学生对学习有极高的自我卷入水平。他们通过不断地刻苦努力发展自我，通常表现得自信、机智。

B. 低趋高避型：这类学生更看重逃避失败而非期望成功。他们并不一定存在学习问题，只是对课程的兴趣不高，看起来懒散，不爱学习的背后隐藏着他们对失败的强烈恐惧。

C. 高趋高避型：这类学生同时感受到成功的诱惑和失败的恐惧。他们对某一项任务具有既追求又排斥的矛盾情绪，为了成功而努力但同时又要掩饰自己的努力，就会出现一种“隐讳努力”的现象。

D. 低趋低避型：这类学生不奢望成功，对失败也没有羞耻和恐惧感，他们对成就表现得漠不关心，不接受任何有关能力的挑战。

根据题干可知，小金属于高驱高避型。所以，本题答案选 C。

30.【答案】C

【解析】A. 操作定向阶段：了解操作活动的结构与要求，在头脑中建立起操作活动的定向映象的过程。

B. 操作模仿阶段：实际再现了特定的动作方式或行为模式。主要特点是：学习者动作的稳定性、准确性、灵活性较差，各个动作要素之间的协调性也不如意；各要素相互干扰；个体动作主要靠视觉控制；完成某一操作任务的效能较低。

C. 操作整合阶段：把模仿阶段习得的动作固定下来，并使各动作成分相结合，成为定型的、一体化的动作。主要特点是：学习者的动作可以表现出一定的稳定性、精确性和灵活性，动作的各个成分趋于分化，整体动作趋于协调和连贯；动作成分间的干扰减少；视觉控制不再起主导作用，逐渐让位于动觉控制；动作效能有所提高；疲劳感和紧张感降低。

D. 操作熟练阶段：形成的动作方式对各种变化的条件具有高度的适应性，动作的执行达到高度的完善化和自动化。

题干中的学生动作技能尚未达到自动化，错误又比模仿阶段少，视觉控制让位于动觉控制，符合操作整合阶段的特点。所以，本题答案选C。

二、论述题：第31~32小题，每小题15分，共30分。

31.**【答案要点】**

颜之推的《颜氏家训》是我国封建社会第一部系统完整的家庭教科书。它是了解颜之推儿童教育思想的主要依据，有助于研究颜之推在儿童教育、学习方法等方面的真知灼见。（3分）

《颜氏家训》中谈及儿童教育的基本原则有：（12分）

（1）及早施教。颜之推认为早期教育的效果最佳，其理由是：①儿童年幼时期，心理纯净，各种思想观念还没有形成，可塑性很强。②幼年时期受外界干扰少，精神专注，记忆力也处于最佳时期，能把学习的材料牢固地记住。

（2）严慈相济。颜之推认为对儿童进行教育时，应当遵循严与慈相结合的原则。善于教育子女的父母，能把慈爱与严格要求相结合，并能收到良好的教育效果。

（3）均爱原则。颜之推认为，在家庭教育中切忌偏宠，不论子女聪慧与否，都应以同样的爱护与教育标准来对待。

（4）重视语言教育。语言是社会交往的工具。颜之推认为语言的学习应成为儿童教育的一项重要内容，对儿童进行的语言教育应注意规范，重视通用语言，而不应强调方言。

（5）重视道德教育。道德教育包括以孝悌为中心的人伦道德和立志教育。颜之推认为对儿童进行道德教育应该以“风化”的方式进行，即通过长辈道德行为的示范，使儿童受到潜移默化的影响。

（6）重视体罚。颜之推认为父母应当严肃地对待儿童教育，树立威严，严加督训。为了达到教育目的，不论是怒责还是鞭笞，只要是有效的手段都是可以采用的。

32.【答案要点】

1947年，日本国会颁布了《教育基本法》和《学校教育法》，否定了战时军国主义教育政策，为二战后日本教育的发展指明了发展方向。（1分）

（1）《教育基本法》。（8分）《教育基本法》的基本内容有：

①教育必须以陶冶人格为目标，培养和平的国家及社会的建设者。

②全体国民接受九年义务教育。

③尊重学术自由。

④政治教育是培养有理智的国民，不搞党派宣传。

⑤国立、公立学校禁止宗教教育。

⑥教育机会均等，男女同校。

⑦教师要完成自己的使命，应受到社会的尊重，保证教师有良好的待遇。

⑧家庭教育和社会教育应该得到鼓励和发展。

（2）《学校教育法》。（4分）《学校教育法》是《教育基本法》的具体化，该法案的主要内容有：

①废除中央集权制，实行地方分权。

②采取"六三三四制"单轨学制，延长义务教育年限，由原来的六年义务教育延长到九年。儿童6岁入学，男女儿童教育机会均等，一律实行男女同校制度。

③高级中学以实施普通教育和专门教育为目的，分为单科制高中和综合制高中。

④将原来的多种类型的高等教育机构统一为单一类型的大学。大学以学术为中心，传授和研究高深学问，培养学生研究和实验的能力。

（3）影响：（2分）

①《教育基本法》所提出的教育目标对二战后日本教育的发展具有积极意义，是日本教育史上划时代的教育文献。

②《学校教育法》是确保《教育基本法》具体实施的法律文本，为二战后日本教育的系统化改革提供了有力的法律保障。

三、材料分析题：第33~36小题，每小题15分，共60分。

33.【答案要点】

（1）高质量教育评价体系建设面临的现实挑战：（5分）

①教育评价观念有待转变。将侧重于学生学业成绩的评价体系转变为更全面评价学生能力的体系，需要学校管理者、教师、家长及学生转变观念。

②教育评价指标体系有待完善。在常规的数据测评分析方法中，基本上是针对不同学科的目标达成程度进行数据分析，但数据分析方法欠缺科学性，在数据结果的使用上存在局限性。

③教师的教学评价素养有待提高。在现实教学活动中，部分教师缺乏对教学评价理论的深刻理解，因此在实际操作中难以灵活运用多样化的评价方法，难以全面把握学科特性和学生个体差异，最终导致评价过程缺乏个性化和精准性。

④数字化教育评价有待强化。由于数字技术与教育教学结合的复杂性，数字化教学评价存在多种问题，包括数字技术的应用不够充分、数字技术尚未真正融入课堂教学、数字化评价技术支撑学生知识学习和思维激发不够等。

（2）新时代应树立的教育评价观：（5 分）

①在评价目的方面，促进学生的全面发展。

②在评价功能方面，发挥评价的激励性功能。

③在评价主体方面，多元主体协同评价。

④在评价内容方面，重视知识以外的综合素质的发展。

⑤在评价方式方面，将量化评价与质性评价相结合。

（3）提升教师教学评价能力的措施：（5 分）

在推进教育强国建设的背景下，教师是否具备基本的评价技能、是否能够利用多样化的技术工具改善教学评价效果成为影响教育质量的关键。

①开展系统性培训。开展系统的评价素养提升培训课程，覆盖评价理论、方法和工具的使用，确保教师在理解学科特点和学生个体差异的基础上，能够灵活选择合适的评价方式。

②提供实际的评价实践机会。例如，模拟教学场景和案例分析，提高教师对评价工具的使用效果的实际操作熟练度。

③建立有效的反馈机制。如同行评课、学科组评议，通过同事之间的互动和反馈促进彼此的共同成长。

34.【答案要点】

（1）材料中体现的是人本主义理论流派的观点。（2 分）人本主义理论流派的基本观点如下：（9 分）

①知情统一的教学目标。情感和认知是人类精神世界中两个不可分割的有机组成部分，二者融为一体。教育应该培养“躯体、心智、情感、心力融会一体”的人，也就是既用情感的方式也用认知的方式行事的情知合一的人。这样的人是“完人”或“功能完善者”，是能够适应变化和知道如何学习的人。

②学习观：有意义的自由学习。a. 含义：罗杰斯的有意义学习是一种与个人各部分经验都融合在一起，使个体的行为、态度、个性，以及在未来选择行动方针时发生重大变化的学习。

b. 要素（特征）：全神贯注、自动自发、全面发展、自我评估。c. 原则：学习原则的核心就是让学生自由学习。

③教学观：非指导性教学。a. 含义：教师应该成为学生学习的“促进者”，以学生为中心促进教学；采用“非指导”的形式，强调指导的间接性、非命令性；非指导性教学的关键在于促进形成学习的良好心理氛围。b. 师生关系：罗杰斯十分重视教学过程中的师生关系，认为促进学习的关键在于教师和学生的关系。因此，教学的重点也应当放在良好的师生关系或教师态度上。

（2）人本主义理论在教育中的应用：（4 分）

①重视学习者的内心世界。人本主义学习理论关注学习者在教学中的认知、情感、兴趣、动机、潜在智能等心理活动，使学习者能感受到学习的乐趣，从而全身心地投入学习。

②对学习者持积极乐观的态度。教师应当充分地尊重、了解与理解学生，创设自由的、宽松的、快乐的学习气氛，激发学生的学习积极性，从而促进学生的学习与成长。

③重视教师的态度定势与教学风格。人本主义心理学家重视师生关系、课堂气氛及群体动力的作用，特别是促使教师更加重视与研究人际关系与人际感情。

④重视意义学习与过程学习。人本主义心理学家主张的“做中学”和在学习过程中学习如何学习的观点，有利于在教育教学中消除教师与学生、学和做、目的和手段之间的对立，使学习成为乐趣。

35.【答案要点】

（1）案例中教师的做法：课堂教学管理对于提高教学质量、促进学生发展具有十分重要的作用。课堂教学管理有多种类型：按照教师的领导方式，可以划分为专制型、民主型和放任型；按照教师课堂教学管理的态度，可以划分为积极的课堂教学管理和消极的课堂教学管理。案例中，教师在面对课堂上学生取糖、吃糖的行为时，通过师生之间的积极对话使吃糖的学生受到了教育，同时也使全体学生受到了启发。这充分体现了教师巧妙地发挥教育机智，通过恰当的启发与指导进行课堂管理，从而保证课堂教学管理的有效性，引导学生进行自我管理。（6 分）

（2）教师所贯彻的德育原则：德育原则是指教师在对学生进行德育的过程中必须遵守的基本要求。（5 分）

①教师贯彻了集体教育与个别教育相结合原则。集体教育与个别教育相结合原则是指在德育过程中，既要面向学生集体进行教育，又要通过个别成员的教育影响集体。案例中的教师通过一番有趣的师生对话，既教育了个别学生，又使全体学生受到了启发，体现了教师贯彻集体教育与个别教育相结合原则。

②教师贯彻了正面引导与纪律约束相结合原则。正面引导与纪律约束相结合原则是指在德育过程中以事实、道理、榜样等进行启发诱导，调动学生的内在动力，同时制定必要的规章制

度进行约束。案例中的教师在发现学生上课吃糖的行为后，并没有直接指出学生的不良行为，而是通过积极引导让学生自己明白其中的道理，体现了教师贯彻正面引导与纪律约束相结合原则。

（3）教学与德育的关系：教学与德育既有联系又有区别，教学是进行德育的重要途径，德育是教学的一个重要内容，德育也要通过其他课外和校外活动等途径才能全面实现。案例中的教师通过一番有趣的师生对话，既教育了个别学生，又使全体学生受到了启发，实现了在讨论中学习，在学习中接受教育。这既让学生掌握了知识，实现了有效的课堂教学；又使学生在这个过程中受到了良好的教育启发，相信之后学生们都能够自我控制和自我管理，形成良好的课堂行为。（4分）

36.【答案要点】

（1）这位学生存在的主要问题是对自我认知不足，自信心不够，以至于自我效能感低下。（1分）产生该问题的原因可能如下：（4分）

①直接经验的影响。该学生近几次考试都没有考好，以至于怀疑自己的能力，变得越来越不自信。

②对自我认知不全面。该学生仅仅因几次考试成绩不好就对自己的能力下了定论，否定了自己的能力，没有看到自己其他方面的长处。

③消极的言语暗示。该学生总是在言语方面进行自我怀疑，暗示自己不行，也会影响其自信心。

（2）如果我是这位老师，我会从提高自我效能感的角度帮助这位学生，具体做法如下：（10分）

①帮助学生建立清晰的自我认知，使其更全面地了解自己。引导该学生在看到自己不足之处的同时，也要看到自己的长处，不要妄自菲薄。

②从直接经验出发，增加学生成功的经验。该学生主要是由于近几次考试没考好而影响其自信心的建立，可以在考试中稍微降低试题的难度，帮助该学生体验取得好成绩的成就感。

③从替代经验出发，帮助该学生通过观察榜样的行为提高自我效能感。向该学生讲述与其水平相当的其他学生学习进步的例子。当他看到与自己水平差不多的学生取得成功时，就会增强自我效能感。

④多鼓励，进行积极的言语说服。要相信学生的潜力，对该学生进行积极的语言引导。

⑤进行学业上的指导。了解该同学目前在学习上存在的问题，有针对性地帮助其查漏补缺，克服短板。

2025年333教育综合预测卷六
答案及解析

一、单项选择题：第1~30小题，每小题2分，共60分。

答案速查表

1.D	2.B	3.B	4.D	5.C
6.C	7.A	8.B	9.C	10.B
11.C	12.D	13.C	14.B	15.B
16.B	17.C	18.B	19.A	20.D
21.D	22.A	23.C	24.B	25.D
26.B	27.C	28.B	29.D	30.A

答案及解析

1.【答案】D

【解析】原始社会的教育是融于社会生产生活之中的，具有平等性、无阶级性等特点。古代社会的教育包括奴隶社会和封建社会的教育，具有等级性、阶级性、专制性、刻板性、象征性、与生产劳动相脱离等特点。现代社会的教育具有生产性、公共性、科学性、终身性等特点。所以，本题答案选D。

2.【答案】B

【解析】以计算机和互联网为代表的信息技术推动人类社会进入了信息时代，它从根本上动摇了人类的教育方式和学习方式，对传统的教育思想、观念、模式、内容和方法产生了巨大冲击。题干中所提到的“学校让学生通过移动终端设备进行一对一数字化学习”是教育信息化的表现。所以，本题答案选B。

3.【答案】B

【解析】“出淤泥而不染，濯清涟而不妖”的意思是：莲花从积存的淤泥中生长出来却不被污染，经过清水的洗涤却不显得妖艳。这表达的是一种不受身边环境的污染，洁身自爱的品质，说明主观能动性在人的发展中起着决定性作用。所以，本题答案选B。

4.【答案】D

【解析】题干中，“教育必须为社会主义现代化建设服务、为人民服务，必须与生产劳动和社会实践相结合，培养德智体美劳全面发展的社会主义建设者和接班人”为我国现阶段完整的教育方针的表述。教育方针包括教育的性质和方向、教育目的、实现教育目的的根本途径三个部分。题干中，“必须与生产劳动和社会实践相结合”是实现教育目的的根本途径。所以，本题答案选 D。

5.【答案】C

【解析】18、19 世纪的西欧，在社会政治、经济发展及特定历史文化条件的影响下，学术性现代学校和群众性现代学校，都同时得到了比较充分的发展，于是就形成了欧洲现代教育的双轨学制。双轨学制有两个平行的系列，这两轨既不相通，也不连接，最初甚至也不对应，因为一轨从中学开始，一轨最初只有小学。这样就剥夺了在群众性小学上学的劳动人民的子女升入中学和大学的权利，也就是题干中的“从教育的起点开始，给不同阶层、阶级的儿童享受平等的教育权利设置了人为障碍”。所以，本题答案选 C。

6.【答案】C

【解析】A. 融合课程：打破了学科界限，把有着内在联系的不同学科知识合并成一门课程。

B. 广域课程：将各科教材按照性质归到各个领域，再将同一领域的各科教材加以组织和排列，进行系统的教学。

C. 相关课程：把两门或两门以上的学科知识综合在一门课程中，但不打破原来的学科界限。

D. 核心课程：打破原来的学科界限，围绕一些重大社会问题组织教学内容。

根据题干“寻求不同学科之间的内在联系”（即科际联系）可知，这种课程类型是相关课程。所以，本题答案选 C。

7.【答案】A

【解析】典型的课程目标取向主要有以下三种：（1）行为目标取向。行为目标是指以具体可操作的行为的形式加以陈述的课程与教学的目标。（2）生成性目标取向。生成性目标是指在教育情境之中，随着教育过程的展开而自然生成的课程与教学的目标，它是问题解决的结果，是人的经验成长的内在要求。（3）表现性目标取向。表现性目标是指每一个学生个体在与具体教育情境中的种种“际遇”中所产生的个性化的创造性表现。题干所描述的是行为目标，它指明了课程结束后学生身上发生的行为变化。所以，本题答案选 A。

8.【答案】B

【解析】实质教育论和形式教育论是两种对立的教育理论，它们对学校课程的设置有不同的观点。实质教育论认为教学的主要任务在于传授给学生有用的知识，主张在学校开设一些诸如几何、物理、化学、生理学等实科课程。形式教育论则认为教学的主要任务在于训练学生的思维形式，发展学生的智力，主张开设一些诸如拉丁文、希腊文、文法等形式学科。所以，本题答案选 B。

9.【答案】C

【解析】课程计划本身的特点主要包含以下几个方面：(1) 课程计划的合理性。课程计划的编写是否具备正确的指导思想和理论基础。(2) 课程计划的复杂性。课程计划不能过于复杂，过于复杂的课程计划可能不易被理解，导致实施困难。(3) 课程计划的可传播性。课程计划向各地学校推行的难易程度。(4) 课程计划的和谐性。课程计划与流行价值取向和行为方式之间的一致性程度。(5) 课程计划的可操作性。课程计划的实施、使用的方便程度。所以，本题答案选 C。

10.【答案】B

【解析】在认知结构教学理论中，布鲁纳提出了四条教学原则：(1) 动机原则。利用学生对学习的好奇心和学习的愿望，激发学生参与探究活动的动机，从而促进学生智慧的发展。(2) 结构原则。既要选择适当的知识结构，又要选择符合学生认知结构的教学方式，使知识结构与学生头脑中的认知结构相匹配，促进学生学习。这就意味着教师应该认识到教学内容与学生已有知识之间的关系。(3) 序列原则。根据学生的发展水平、动机状态、知识背景等现状，选择最佳顺序呈现教学内容。(4) 强化原则。恰当地进行强化，以便让学生适时地知道自己学习的结果。所以，本题答案选 B。

11.【答案】C

【解析】STEM 教学模式的重点是加强对学生四个方面的教育：一是科学素养，二是技术素养，三是工程素养，四是数学素养。STEM 教学模式让学生以学科整合的方式认识世界、以综合创新的形式改造世界，培养学生解决问题的能力。根据题干可知，通过操作实践，学生不仅学习了数学、几何的相关知识，还了解了材料的结构和连接方式等工程方面的知识，即有机整合了技术、工程和数学知识。由此可见，教师在这节课的教学中注重发展学生的数学、工程、技术等方面的能力。所以，本题答案选 C。

12.【答案】D

【解析】教学方法的选择需要考虑多方面因素，如教学方法本身的功能、教师自身的素质、学生的特点、课程的性质、教学目的等。根据题干可知，不同学科采取的教学方法会有所不同，这体现了教学方法的选择需要依据课程的性质和教材的特点。所以，本题答案选 D。

13.【答案】C

【解析】明确教学目的是上好一堂课的前提；保证教学的科学性和思想性是上好一堂课的基本质量要求；调动学生的学习积极性是上好一堂课的内在动力；组织好教学活动是上好一堂课的保障；注重解惑纠错是上好一堂课的关键。所以，本题答案选 C。

14.【答案】B

【解析】“视其所以，观其所由，察其所安”的意思是：看一个人的所作所为，观察他处事的动机，了解他心安于什么事情。也就是强调要想认识一个人，不仅要看他交什么朋友和做事的方式方法，还要了解他的心理状况，再看看他言行是否一致。用在教育上，就是要了解学生的实际情况与个性特点，进行有区别的教学，也就是要贯彻照顾年龄特点与照顾个别特点相结合原则。所以，本题答案选 B。

15.【答案】B

【解析】教师的专业知识拓展主要包括三个方面：一是知识的量的拓展，即教师要不断地更新、补充知识，扩大自己的知识范围。二是知识的质的深化，即从知识的理解、掌握到知识的批判，再到知识的创新。三是知识结构的优化，即以广泛的文化基础知识为背景、以精深的学科知识为主干、以相关学科知识为必要补充、以丰富的教育科学知识和心理科学知识为基本知识边界的复合性的主体知识结构，是专业教师追求的目标。所以，本题答案选 B。

16.【答案】B

【解析】孟子说过："设为庠序学校以教之。庠者，养也；校者，教也；序者，射也。夏曰校，殷曰序，周曰庠，学则三代共之，皆所以明人伦也。人伦明于上，小民亲于下。"孟轲在此第一次明确地概括出中国古代学校教育的目的——"明人伦"。王守仁非常重视学生优良品德的形成，具体来说，就是重视对封建伦理道德的学习。因此，他把"明人伦"作为道德教育的目的。所以，本题答案选 B。

17.【答案】C

【解析】A. 1927 年春，陶行知在南京和平门外晓庄创办南京市试验乡村师范学校，后改名晓庄学校，确立"生活即教育""社会即学校""教学做合一"的生活教育理论，并亲自实验。

B. 1932 年，陶行知在上海郊区大场创办山海工学团，提出"工以养生，学以明生，团以保生"，力图将工场、学校、社会打成一片，以达到普及教育之目的。

C. 1939 年 7 月，为了收容战争中流离失所的难童，培养有特殊才能的人才，陶行知在重庆创办育才学校，苦心兴学，以"新武训"自比，培养了一批艺术人才。

D. 1946 年 1 月，陶行知在重庆创办社会大学并任校长，推进了民主教育运动。

根据题干可知，这所学校是陶行知创办的育才学校。所以，本题答案选 C。

18.【答案】B

【解析】凡申请进入国子监（国子学、太学、四门学、律学、书学、算学、广文馆）学习的学生，年龄也有一定的限制。一般限制在 14 岁以上，19 岁以下；律学 18 岁以上，25 岁以下。唯有广文生不受年龄限制。所以，本题答案选 B。

19.【答案】A

【解析】书院官学化就是书院受制于政府，被纳入官学体系。宋朝时，书院官学化倾向已经出现；元朝时，书院的官学化倾向更为明显；清朝时，清政府加强了对书院的控制，书院官学化倾向日趋严重。所以，本题答案选 A。

20.【答案】D

【解析】A. 清朝国子监是一所以培养官僚为主的高等学府，只负责管理本监及附属的八旗官学和算学，对其他官学没有直接的行政领导权。

B. 1905 年 12 月，清政府批准成立学部，作为统辖全国教育的中央教育行政机关，并将原来的国子监并入。学部的最高长官为尚书，首任学部尚书为荣庆。

C. 1906 年，清政府设立提学使司作为各省专管教育的行政机构，长官为提学使。

D. 清政府设立提学使司的同时，在府、厅、州、县设立劝学所为各级教育行政机关。

根据题干可知，在府、厅、州、县设立的各级教育行政机关是劝学所。所以，本题答案选 D。

21.【答案】D

【解析】古代印度的种姓制度把人从高到低依次分为四个等级：婆罗门、刹帝利、吠舍和首陀罗。

A. 最低种姓的首陀罗被剥夺了受教育权。

B.《吠陀》是婆罗门教育的主要内容，当时教育是神学的附庸。

C. 刹帝利所受的教育内容比较简单，程度比较低，但是并未被剥夺受教育权。

D. 婆罗门所受的教育是当时最完备、最高级的教育。

根据题干可知，只有 D 项是正确的表述。所以，本题答案选 D。

22.【答案】A

【解析】A. 中等教育主要是富家子弟的升学预备教育。

B. 初等教育出现了公、私立学校并存的局面是 1870 年《初等教育法》的影响。

C. 以爱丁堡大学为代表的苏格兰等地的五所大学较之牛津大学、剑桥大学更加重视自然科学和实用学科，力求与社会保持密切联系，学费也较为低廉。

D. 初等教育机构由教会掌握，教会初等教育具有慈善性质，教育对象是贫民儿童。富人多聘用家庭教师对子女进行启蒙教育和中学预备教育。

根据题干可知，只有 A 项的表述是正确的。所以，本题答案选 A。

23.【答案】C

【解析】《莫雷尔法案》规定联邦政府按各州在国会的议员人数，按照每位议员三万英亩的标准向各州拨赠土地，各州应将赠地收入用来开办或资助农业和机械工艺学院。所以，本题答案选 C。

24.【答案】B

【解析】在裴斯泰洛齐的要素教育中，道德教育最基本的要素是儿童对母亲的爱。所以，本题答案选 B。

25.【答案】D

【解析】把游戏看作儿童内在本质向外的自发表现是福禄培尔的教育思想。所以，本题答案选 D。

26.【答案】B

【解析】A. 上位学习：新概念、新命题具有广泛的包容范围或较高的概括水平，将一系列已有观念包含其中而获得意义。

B. 最近发展区：实际的发展水平与潜在的发展水平之间的差距。前者由独立解决问题的能力而定，后者是指在成人的指导下或与更有能力的同伴合作时解决问题的能力。

C. 先行组织者：先于学习任务本身呈现的一种引导性材料，它的抽象、概括和综合水平高于学习任务，并且与认知结构中原有的观念和新的学习任务相关联。

D. 并列学习：又称组合学习，新旧知识既无上位关系，又无下位关系，这时发生的学习就是组合学习。

题干中，“45+67”处于学生实际的发展水平与潜在的发展水平之间的范围，处于最近发展区。所以，本题答案选 B。

27.【答案】C

【解析】A. 分化：只对特定刺激做出条件反应，而对其他相似的刺激不做出条件反应。

B. 消退：经典性条件作用形成后，如果反复呈现条件刺激，却不呈现无条件刺激，条件反应的强度逐渐减弱，条件反应甚至消失，这种现象被称为消退。

C. 泛化：经典性条件作用一旦形成，机体就会对与条件刺激相似的刺激做出条件反应，这被称为条件作用的泛化。

D. 强化：凡是能增强反应发生概率的事件和刺激都是强化。

题干描述的是被蛇咬后，对相似的井绳也有恐惧反应，反映的是条件作用的泛化。所以，本题答案选 C。

28.【答案】B

【解析】A. 直接经验：个体自己成功和失败的经验。

B. 替代经验：学习者通过观察榜样的行为而获得的间接经验。

C. 言语说服：他人建议、劝告和解释以及对自我的引导。

D. 情绪唤醒：个体的情绪和生理状态。

题干中，“看到与自己成绩差不多的学长考上大学，就会增强自己考上这所大学的信心”属于替代经验。所以，本题答案选 B。

29.【答案】D

【解析】技能是指通过练习而获得的合乎法则的认知活动或身体活动的动作方式。按其性质和特点，技能可以分为心智技能和操作技能。心智技能也称智力技能、智慧技能，是一种借助于内部言语在人脑中进行的认知活动方式，如默读、心算、写作、观察和分析等技能。操作技能也称运动技能、动作技能，是指由一系列的外部动作以合理的程序组成的操作活动方式，如书写、体操、骑自行车等技能。点头不属于技能，作文和心算属于心智技能，扣纽扣属于操作技能。所以，本题答案选 D。

30.【答案】A

【解析】结构良好问题，是指具有明确的初始状态、目标状态以及解决方法的问题。结构不良问题，是指没有明确的初始状态、目标状态或解决方法的问题。B、C、D 选项均为结构不良问题。所以，本题答案选 A。

二、论述题：第 31~32 小题，每小题 15 分，共 30 分。

31.【答案要点】

儒家是春秋战国时期最重要的学派之一，创始人为孔子。儒家学派在发展中逐步衍生出了思孟学派和荀况学派，其中，思孟学派继承了孔子的“仁学”思想，提出充分肯定人的主观作用的教育思想。荀况学派提出“礼治”主张，确认封建等级制度的天经地义，并提出“性恶论”作为其以“外铄”为特征的教育思想的理论根据。（3 分）

代表小生产者利益的墨家是与儒家相对立的学派。墨家主张消弭社会等级，强调社会实利；在教育上信奉经验与实践，讲究思维训练，十分重视科学技术知识的价值等。（2 分）

与儒家相比，墨家教育方法的特点如下：（10 分）

（1）主动。墨子不满儒家“拱己以待”的教育方法。他认为正确的方法应该是“虽不叩必鸣”——即使人们不来请教，你也应该主动地上门去教。

（2）创造。墨子批评儒家的“述而不作”，主张“述作结合”，提出“古之善者则述之，今之善者则作之，欲善之益多也”。这既反映了墨子对待文化遗产的态度，也表现了他的学习与教育方法——重创造。

（3）实践。儒家重视政治和道德实践，只重动机不重效果；除此之外，墨家还强调生产劳动、军事和科技的实践，既重动机又重效果，坚持“合其志功而观焉”。

（4）量力。墨子是在中国教育史上第一个明确提出“量力”这一教育方法的人，他十分注意在施教时考虑学生的力之所能及。

32.【答案要点】

（1）赫尔巴特是 19 世纪德国的教育家，其教育代表著作有《普通教育学》。他提出了教学形式阶段论，认为教师应采取符合学生心理活动规律的教学程序，有计划、有步骤地进行教学。他把教学过程分为四个连续的阶段：（9 分）

①明了（或清晰）。当一个表象出现在感官前，兴趣活动对它产生注意。这时，学生的心

理处于静止的专心状态。教师通过运用直观教具和讲解的方法进行明确的提示，使学生获得清晰的表象，以做好观念联合。

②联想（或联合）。通过师生谈话把新旧观念结合起来，但又没出现最后的结果。教学的任务是把前一阶段教师所提示的新观念和学生意识中原有的旧观念结合起来。这时学生的心理表现为动态的专心。其兴趣阶段发展到期待新的知识，教师的任务是与学生进行谈话，运用分析的教学方法。

③系统。新旧观念最初形成的联系并不是十分有序的，因而需要对前一阶段由专心活动得到的结果进行审思。这时，学生的心理处于静止的审思状态，兴趣活动处于要求阶段，教师要运用综合的方法，使知识系统化，从而使学生获得新知识。

④方法。通过练习把所学的新知识应用于实际，以检查学生对新知识的理解是否准确。这时学生的心理表现为动态的审思。其兴趣点在于进行学习行动，教师可指导学生通过做习题、独立做作业等，应用其所学的知识。

（2）对赫尔巴特教学形式阶段论的评价：（6 分）

①优点。a. 教学形式阶段论重视知识的系统性，重视学科课程的知识体系，重视教师的主导作用和班级授课。它为教学提供了理论依据和实践模式，提高了教育的质量。b. 教学形式阶段论的突出贡献是，在严格按照心理过程规律的基础上，对教学过程中的一切因素和活动进行高度的抽象，以建立一种明确的和规范化的教学模式。

②局限。教学形式阶段论忽视了学生之间的差异性和学生的主体性，机械性较强，缺乏灵活性。

洪哥提示 评价部分从优点和局限两个方面进行分析，言之有理即可。

三、材料分析题：第 33~36 小题，每小题 15 分，共 60 分。

33.【答案要点】

（1）从“五育”并举到“五育”融合可能面临的现实困境：（5 分）

①思维困境。“五育”融合从理论转向实践，前提在于教育实践者必须具备“五育”融合的思维品质。

②知识困境。“五育”融合要求理性审视当下教育场域中的知识观、知识分类形式、知识生产与呈现方式等，考查教师是否具备实现“五育”融合的知识基础和知识论前提。

③实践困境。“五育”融合从理论走向现实的主要途径是学校教育教学实践。但是，要真正形成“五育”融合性教学实践，目前还存在诸多制约因素：如在长期以单科知识传授为主导的学科课堂教学实践模式的背景下，教师不具备“五育”融合性教学的知识基础、能力结构和价值视野等。

（2）心理健康与体育融合的必要性：（5分）

①促进学生身心健康的全面发展。中小学生正处于身心发展的关键时期，通过心理健康与体育的融合教育，学生可以在学习过程中同时得到身体的锻炼和心理的发展，实现身心健康的全面发展。

②提高学生综合素质的有效途径。在融合教育的过程中，学生需要参与各种体育活动和心理健康活动，这些活动能够培养学生的团队协作精神、创新能力和实践能力等综合素质。

③应对现代社会压力与挑战的需要。心理健康与体育的融合教育能够帮助学生缓解压力、调整心态，增强学生的自信心和抗压能力。

（3）心理健康与体育融合的策略：（5分）

①课程设置与资源整合。为了实现心理健康与体育的融合教育，学校需要对课程设置进行调整和优化。学校可以将心理健康教育和体育教育相结合，设置一些综合性的课程和活动，如心理健康运动会。同时，学校还需要整合校内外资源，为学生提供更加丰富多样的心理健康和体育教育资源。

②教学方法与手段创新。教师可以采用多种教学方法和手段来激发学生的学习兴趣和学习积极性：如运用情境教学、游戏化教学等方法营造轻松愉悦的学习氛围；运用多媒体技术、互联网技术等手段丰富教学内容和形式。

③师资培训与队伍建设。学校可以通过组织专业培训、开展教学研讨等方式来提高教师的专业素养和教学能力；学校还可以邀请专家学者来校举办讲座和指导，拓宽教师的教育视野和思路。

34.【答案要点】

（1）图中的现象是高原现象，即在学生动作技能的形成中，练习到一定阶段往往会出现进步暂时停顿的现象。表现为练习曲线保持在一定的水平而不再上升，甚至有所下降。但是，在高原期后，练习曲线又会上升，即表示练习成绩又有所进步。（3分）其原因可能是：（4分）

①形成消极的思维定势或练习方法不当。

②当练习成绩已经达到一定水平时，继续进步需要改变现有的活动结构和完成活动的方式方法，但代之以新的活动结构和完成活动的新的方式方法还未形成。

③经过较长时间的练习，学生的练习兴趣有所下降，产生厌倦情绪，或者由于身体疲劳等原因而导致练习成绩出现暂时停滞的现象。

（2）要帮助学生顺利度过高原期，教师可以这么做：（8分）

①帮助学生理解和接受高原期。高原期是学习过程中的正常现象，教师需要让学生理解并接受这一阶段的存在。教师应该让学生认识到进步不是线性的，会有起伏和停滞的时期。

②帮助学生设定明确的目标。设定明确的学习目标并制订可行的计划可以帮助学生保持动力，并有针对性地做出努力。

③帮助学生寻找学习兴趣。激发学生的学习兴趣可以提高他们的学习积极性和学习投入度。教师可以探索不同的教学方法和资源，使教学更具吸引力和互动性，从而激发学生的学习兴趣。

④制定小目标和奖励机制。将长期目标分解为可行的小目标，并为达成每个小目标设定奖励机制。这有助于学生保持动力和专注，同时也有助于学生体验到完成目标的成就感。

⑤提供支持和反馈。教师在高原期应给予学生额外的支持和指导并重新激发他们对学习的热情和动力。如定期给予学生积极的反馈和鼓励，让他们知道自己的努力是被认可和重视的。

⑥采用多样化的学习方法。尝试不同的学习方法和策略，以激发学生的学习兴趣和动力。如使用多媒体资源、小组合作学习、实践性任务等，使学习变得更加有趣和有意义。

⑦培养积极的心态。鼓励学生保持积极的心态，培养乐观、坚毅和耐心的心理品质。教师可以分享一些成功的例子，激励学生相信自己的潜力和能力。

⑧培养健康的生活方式。注重学生的身心健康，要让学生保证充足的睡眠、良好的饮食和适度的运动。身心健康是学习的基础，有助于提升学生的注意力和学习表现。

综上，教师可以在学生的高原期为其提供支持和鼓励，帮助他们度过这个阶段，并重新激发他们学习的热情和动力。

35.【答案要点】

（1）备课的地位与作用：（3分）

备课是教师上课前的教学准备，具体来说就是教师根据学科课程标准的要求和本门课程的特点，结合学生的具体情况，选择最合适的表达方法和顺序，以保证学生有效地学习。

①地位。备好课是上好课的先决条件。备课包括备课标、备教材、备学生、备教法等。

②作用。教师通过认真备课，可以全面熟悉教学内容，掌握教材的重点、难点，从而加强教学的计划性，有利于有效完成教学任务。同时，备课的过程也是一个钻研和学习的过程，有利于提高教师自身的素养和能力。

（2）影响教师专业发展的因素：（6分）

①个体因素。个体因素是影响教师自身专业发展的最主要的因素。案例中的教师从走上工作岗位开始就持有兢兢业业的态度，积极总结并反思自己的教学过程，从而不断推进自身的专业发展，最终成为区级名师。

②群体因素。教师的劳动具有个体性，但同时也具有协作性。教师工作在一定的群体之中，教师之间的交流与学习也会对教师的专业发展产生影响。

（3）促进教师自我专业发展的路径：（6分）

①教师的在职培训。教师的在职培训主要是为了适应教育改革与发展的需要，为在职教师提供适应于教师专业发展不同阶段需要的继续教育，主要采取“理论学习、尝试实践、反省探究”相结合的方式，引导教师掌握不断出现的现代教育理论。

②教师的自我教育。教师的自我教育就是专业化的自我建构，它是教师个体专业化发展的最直接、最普遍的途径。教师自我教育的方式主要有经常性的系统的自我反思、主动收集教改信

息、研究教育教学中的各种关键事件、自学现代教育教学理论、积极感受教学的成功与失败等。

③同伴互助。同伴互助是指在两个或两个以上教师之间发生的、以专业发展为指向、通过多种手段开展的，旨在实现教师持续主动地自我提升、相互合作并共同进步的教学研究活动。同伴互助的形式有沙龙会谈、一课多研、同课异构、专业对话、微型教学、相互听课等。

36.【答案要点】

（1）案例中，小杰出现小偷小摸行为也就是品德不良行为，可能的原因如下：（5分）

①客观原因。a. 家庭方面。家长可能忽视了对小杰的教养问题，缺少对其行为的关注，对小杰宠严失度，教育方法不当等。b. 学校方面。师生关系可能不和谐，老师对小杰缺乏关怀，小杰想通过这种方式引起老师对他的关注；也可能因为小杰与同学关系不融洽，所以，他想通过小偷小摸的方式报复同学；也有可能学校对小杰缺乏相对应的道德教育。c. 社会方面。学生行为易受社会环境和媒体等的影响，小杰有可能就是受到了坏人的引诱和挑唆，或受到了媒体传播的不良行为的影响。

②主观原因。a. 错误的道德认识。小杰可能没有意识到自己的不良行为，缺乏对相关道德知识的学习。b. 薄弱的道德意志。小杰可能受到了物质的诱惑，从而难以改掉小偷小摸的行为。c. 异常的道德情感。可能由于不良环境和错误观念的长期影响，小杰的情感失去了理性的控制。d. 不良的道德习惯。不良的行为习惯一旦形成，就会使学生不知不觉地采取类似的不良行为，小杰的小偷小摸可能就是如此形成的。

（2）作为老师，可以从以下几个方面对小杰进行教育：（10分）

①培养深厚的师生感情，消除疑惧心理和对立情绪。老师不要急于批评小杰，而是要更关心他、爱护他、信任他。老师要用爱来感化小杰，从而突破其心理防线。

②培养正确的道德观念，提高明辨是非的能力。老师要注意小杰身心发展的特点和实际的接受能力，对其进行有效的说服工作，帮助他形成正确的是非观念。

③保护和利用学生的自尊心，培养集体荣誉感。老师要充分利用集体的力量，帮助和鼓励小杰消除自卑感、培养自尊心，使其自爱、自重、自强，并在此基础上鼓励小杰和其他同学一起，共同参加集体活动，培养其集体荣誉感。

④锻炼同不良诱因做斗争的意志力，巩固良好的行为习惯。老师要有意识、有控制地进行信任性考验，并不断演化，以锻炼小杰与不良诱因做斗争的意志力。此外，老师必须对小杰多鼓励、表扬，从而强化其良好的行为习惯。

⑤针对学生的个别差异，采取灵活多样的教育措施。老师要针对小杰的年龄特点和性格以及其品德不良的成因和类型，给予针对性的教育，这样才能更好地改变他的行为，培养其良好的行为习惯。

⑥学校、家庭、社会全方位配合。老师要以学校教育为主体，积极争取社会力量的支持与家庭教育的配合，对小杰进行综合矫治，为他创造纠正背离社会规范行为的良好生态环境。

2025年333教育综合预测卷七
答案及解析

一、单项选择题：第1~30小题，每小题2分，共60分。

答案速查表

1.C	2.B	3.D	4.C	5.D
6.C	7.A	8.D	9.B	10.C
11.B	12.A	13.C	14.B	15.D
16.D	17.B	18.D	19.A	20.A
21.C	22.A	23.B	24.A	25.A
26.A	27.A	28.B	29.B	30.C

答案及解析

1.【答案】C

【解析】教育的陈述类型分为教育定义、教育隐喻和教育口号。“教学是一起登山”是对互助教学的隐喻表达。教学就是要让学生多途径到达目的地，改变单一途径达到教学目标的做法。师生之间的关系是平等的。教师作为有经验的专业人员，在登山过程中起着引导作用。所以，本题答案选C。

2.【答案】B

【解析】政治经济制度制约教育的性质与领导权、教育的目的和内容、受教育权、教育管理体制的特性。所以，本题答案选B。

3.【答案】D

【解析】外铄论认为人的发展主要由外在的力量（如环境、学校教育等）决定。“生而同声，长而异俗，教使之然也”出自《荀子·劝学》，意思是：人刚生下来时，哭声都是一样的，但长大后风俗习惯却不相同，这是因为接受了不同教育的结果，符合外铄论的观点。所以，本题答案选D。

4.【答案】C

【解析】从发展特征来看，素质教育具有全面性、主体性和可持续性等特征。A选项体现了全面性，B选项体现了主体性，C选项体现了可持续性。所以，本题答案选C。

5.【答案】D

【解析】我国现行的学制规定，全日制普通中学主要实施基础教育，担负着为高一级学校输送合格新生和为国家培养劳动力后备军的双重任务，即基础教育和预备教育的任务。所以，本题答案选 D。

6.【答案】C

【解析】A. 必修课程：由国家、地方或学校规定的学生必须学习的课程。

B. 学科课程：根据学校培养目标和科学发展，分门别类地从各门科学中选择适合学生年龄特征与发展水平的知识所组成的教学科目，亦称分科课程。

C. 校本课程：以学校为课程编制主体，自主开发与实施的一种课程，又叫学校课程。

D. 地方课程：地方教育行政部门在国家规定的课程计划内，以国家课程标准为基础，依据当地的政治、经济、文化和民族等具体发展需求而开发的课程。

根据题干可知，该社团课程是由汉阳中学自主开发的课程，属于校本课程。所以，本题答案选 C。

7.【答案】A

【解析】过程模式是以过程为基础和核心的课程开发模式。它的主要特点有：(1) 强调过程本身的育人价值，即关注具有内在价值的教育活动过程本身。(2) 课程开发过程即研究过程，课程开发的过程就是在教育活动过程中不断挖掘其内在价值，教师的课程开发就是对课程问题的研究。(3) 强调师生的探索创造，即为教师和学生留出足够空间。根据题干可知，A 选项不是过程模式的主要特点。所以，本题答案选 A。

8.【答案】D

【解析】A. 阶段性：课程目标是一个多层次和全方位的系统，如小学课程目标、初中课程目标、高中课程目标。

B. 层次性：课程目标可以逐步分解为总目标和从属目标。

C. 时间性：课程目标会随着时间的推移而做出相应的调整。

D. 递进性：低年级课程目标是高年级课程目标的基础，没有低年级课程目标的实现，就难以达到高年级的课程目标。

根据题干可知，课程目标具有递进性。所以，本题答案选 D。

9.【答案】B

【解析】A 选项为学习观方面的变化，C 选项为课程内容、课程结构方面的变化，D 选项为学生地位方面的变化。所以，本题答案选 B。

10.【答案】C

【解析】学习者中心课程理论主张学生是课程的核心，重视学生的兴趣、需要，相对忽视了教师的主导作用，在具体的教学过程中没有处理好教师主导与学生主体的关系。所以，本题答案选 C。

11.【答案】B

【解析】A. 诊断性评价：在学期教学或单元教学开始时，对学生现有的知识水平和能力发展的评价。

B. 形成性评价：在教学进程中，对学生的知识掌握和能力发展所做的比较经常且及时的测评与反馈。

C. 终结性评价：在一个大的学习阶段，对学生学习的成果进行制度化的正规考查、考试及成绩评定，也称总结性评价。

D. 相对性评价：用常模参照性测验对学生成绩进行的评定，依据学生个人的成绩在该班学生成绩序列中或常模中所处的位置来评价和决定他的成绩优劣，而不考虑他是否达到教学目标的要求，也称常模参照性评价。

根据题干可知，李老师是在日常教学过程中对学生进行的评价，属于形成性评价。所以，本题答案选 B。

12.【答案】A

【解析】根据题干可知，历史老师运用的教学方法是讨论法。讨论法是学生在教师指导下为解决某个问题而进行探讨、评析，以明辨是非、获取真知、锻炼思维和独立思考能力的方法。运用该方法的基本要求包括：讨论的问题要有吸引力、要善于启发和引导学生、做好讨论小结等。历史老师通过设计富有价值的问题引发学生们的积极思考，符合讨论法的基本要求。所以，本题答案选 A。

13.【答案】C

【解析】根据道德两难问题，科尔伯格提出了“三水平六阶段”道德发展阶段理论，认为人的道德判断处于不断发展之中，从低到高逐步发展。他把儿童的道德发展分为：（1）前习俗水平：惩罚和服从的定向阶段、工具性的相对主义定向阶段；（2）习俗水平：人际协调的定向阶段、维护权威或秩序的定向阶段；（3）后习俗水平：社会契约的定向阶段、普遍道德原则的定向阶段。人际协调的定向阶段的儿童以人际和谐为准则，儿童心目中的道德行为就是取悦他人。他们希望被看作好人，判断道德行为好坏的主要依据是看它是否被人赞许。根据题干可知，该学生的道德判断处于人际协调的定向阶段。所以，本题答案选 C。

14.【答案】B

【解析】我国基础教育课程改革要求教师成为具有教育科研意识与研究能力的研究型教师。教师开展教育科研具有重要的意义，如促进教师自身的专业发展、提升教师的自我价值、促进学生和学校的发展、促进教育科学的发展等。根据题干中苏霍姆林斯基的观点可知，教师成为研究者有利于使教师的劳动富有挑战性，能够使教师在其中获得成就感。所以，本题答案选 B。

15.【答案】D

【解析】根据题干可知，教师为了引导学生积极学习，他提出了一些有趣的问题。也就是说，他提出的这些问题是为了引起学生的学习动机，激发学生的学习兴趣。所以，本题答案选 D。

16.【答案】D

【解析】居敬持志既是朱熹道德修养的重要方法，也是他最重要的读书法。所谓“居敬”，就是读书时精神专一，注意力集中。所谓“持志”，就是要树立远大的志向、高尚的目标，并以顽强的毅力长期坚持。所以，本题答案选 D。

17.【答案】B

【解析】A. 宁波女塾：1844 年，伦敦女传教士爱尔德赛创办了宁波女塾，是中国近代第一所非国人自办的女学。

B. 经正女学：梁启超与他人共同建立的一所女学，亦称“中国女学堂”。这是近代第一所国人自办的正规女子学校。

C. 爱国女校：蔡元培等人创办的具有资产阶级性质的女学。

D. 严氏女塾：严修于 1902 年建严氏女塾于天津自己家中，学生主要为严氏亲属。

根据题干可知，梁启超参与创办的是经正女学。所以，本题答案选 B。

18.【答案】D

【解析】唐代的国子学、太学、四门学都是学习儒学的高级学校。从招生对象来看，国子学、太学、四门学分别面向三品、五品和七品以上的官员子弟，具有较为明显的等级性。所以，本题答案选 D。

19.【答案】A

【解析】A.“壬寅学制”：中国近代第一个以中央政府名义制定的全国性学制系统。该学制规定蒙学堂和寻常小学堂共七年，规划为义务教育性质，“无论何色人等皆应受此七年教育”。

B.“癸卯学制”：中国近代由中央政府颁布并首次得到施行的全国性法定学制系统。该学制较“壬寅学制”更为系统详备，其中也有关于义务教育的相关规定，但它是在“壬寅学制”后出台的。

C.“壬子癸丑学制”：中国近代第一个资产阶级性质的学制。该学制规定女子享有与男子平等的法定教育权。

D.“壬戌学制”：中国近代史上实施时间最长、影响最大的学制，是我国近代史上里程碑式的学制，标志着我国近代以来国家学制体系建设的基本完成。在中国近现代学制发展过程中，该学制最早兼顾升学和就业的双重需要并取消大学预科。

根据题干可知，我国最早规定义务教育阶段的学制是“壬寅学制”。所以，本题答案选 A。

20.【答案】A

【解析】1917 年，中华职业教育社成立后发表的《中华职业教育社宣言书》标志着以黄炎培为代表的职业教育思潮的形成。1913 年，黄炎培发表《学校教育采用实用主义之商榷》一文，深刻反思“癸卯学制”颁行以来中国教育尤其是普通教育发展中的问题，从理论上论证了改革普通教育的必要性。所以，本题答案选 A。

21.【答案】C

【解析】古希腊教育思想家亚里士多德主张将人的灵魂分为营养的灵魂、感觉的灵魂和理性的灵魂，并据此主张实施体育、德育和智育。所以，本题答案选 C。

22.【答案】A

【解析】公元 5—14 世纪，西欧处于中世纪阶段，教育的典型特征是以修道院学校、主教学校、堂区学校为代表的基督教教育的繁荣。公元 8 世纪以后，随着封建制的发展和王权的巩固，才出现了满足世俗封建主需要的教育形式和机构，即宫廷学校和骑士教育。公元 11—12 世纪，开始出现城市和新兴市民阶层，才有了随着新兴市民阶层的兴起而发展起来的教育，如城市学校和中世纪大学。另外，这些世俗教育形式也难免受到宗教教育的影响，如宫廷学校使用教会教育的问答法，中世纪大学的文、法、神、医四科有神学的内容等。无论从时间还是影响力上讲，基督教教育的繁荣都是西欧中世纪教育的典型特征。所以，本题答案选 A。

23.【答案】B

【解析】柏林大学的办学宗旨是教学与研究相结合，创办研究型大学，为大学增添了科学研究功能。所以，本题答案选 B。

24.【答案】A

【解析】在法国教育史上，有“技术教育宪章”之称的法案是《阿斯蒂埃法》。所以，本题答案选 A。

25.【答案】A

【解析】《2000 年目标：美国教育法》确立了国家和州级的内容标准、操作标准、学习机会标准以及州一级的评价标准。其内容包括：（1）此法案正式把确立全国性中小学课程标准作为一项重要任务，要求每州的教改计划都要包括课程内容标准的建立内容。（2）此法案把教育标准从层次上分为国家教育标准和州教育标准，从内涵上分为课程内容标准和学生操作绩效标准。所以，本题答案选 A。

26.【答案】A

【解析】维果茨基的符号中介论认为，人的心理活动与劳作活动都是以工具为中介的。人类在社会生活和生产过程中创造了两种工具：一种是物质生产工具，如简单农具、弓箭等，是人的器官功能的延伸；另一种是精神生产工具，即人类社会所特有的语言和符号系统。微信表情包可以传达人与人之间的心理信息，是人类社会所特有的语言和符号系统，属于心理工具。所以，本题答案选 A。

27.【答案】A

【解析】A. 表征学习：学习单个符号或一组符号的意义，或者说学习它们代表什么。

B. 概念学习：掌握同类事物共同的关键特征。

C. 命题学习：掌握概念或事物之间的关系。

D. 有意义学习：将符号所代表的新知识与学习者认知结构中已有的观念建立非人为的和实质性的联系。

题干中，“儿童将苹果这个词在头脑中与苹果的形象建立起相对应的关系”也就是了解苹果这个词代表了什么，属于表征学习。所以，本题答案选 A。

28.【答案】B

【解析】自我决定理论涉及人的三个基本需要：胜任需要、归属需要和自主需要。胜任需要是指个人在与社会环境的交互作用中，感到自己是有效的，有机会去锻炼自己和表现自己的才能；归属需要是指能感觉到自己被他人关心并关心他人，有一种从属于其他个体和团体的安全感，与别人建立起安全和愉快的人际关系；自主需要是指个体能感知到所做出的行为是出于自己意愿的，是由自我来决定的，即个体的行为是自愿的且能够自我调控的。A 选项体现了胜任需要，B 选项体现了自主需要，C 选项体现了归属需要，D 选项则未直接体现自我决定理论涉及的三种基本需要。所以，本题答案选 B。

29.【答案】B

【解析】A. 内部言语活动阶段：凭借简化了的内部言语，似乎不需要多少意识的参与就能自动化进行的智力活动。

B. 无声的外部言语活动阶段：以词的声音表象、动觉表象为中介而进行的智力活动。这种不出声的外部言语活动貌似只是言语减去了声音，实则是动作向智力转化的开始。

C. 物质化活动阶段：利用实物的模拟品进行的教学活动。

D. 活动定向阶段：让学生在头脑中形成对活动程序和活动结果的映像。

题干中，“只看到嘴动，听不到声音”显然是无声的外部言语活动阶段。所以，本题答案选 B。

30.【答案】C

【解析】A. 组织策略：整合所学的新知识之间、新旧知识之间的内在联系，形成新的知识结构的策略。

B. 精细加工策略：通过把所学的新信息和已有的知识联系起来以增加新信息意义的策略。

C. 监控策略：在认知活动的过程中，根据认知目标及时评价、反馈自己认知活动的结果与不足，正确估计自己达到认知目标的程度、水平，并根据有效性标准评价各种认知行动、策略效果的策略。

D. 复述策略：在工作记忆中为了保持信息，运用内部言语在大脑中重现学习材料或刺激，以便将注意力维持在学习材料之上的策略。

根据题干中的关键词“自我提问”可知，这种学习策略属于监控策略。所以，本题答案选 C。

二、论述题：第 31~32 小题，每小题 15 分，共 30 分。

31.【答案要点】

王安石被列宁称为中国 11 世纪时的改革家。在宋神宗的支持下，他在政治、经济、军事和文化教育等方面，进行了一系列改革，其中在文化教育方面的改革，被称为“熙宁兴学”。（3 分）“熙宁兴学”主要有以下四方面内容：

（1）改革太学，创立“三舍法”。（3 分）

①扩增太学校舍。②充实和整顿太学师资。③创立“太学三舍选察升补之法”，简称“三舍法”，这是王安石改革太学最重要的措施。

（2）恢复和发展州县地方学校。（3 分）

北宋普遍设立州县地方学校，始于“庆历兴学”。但是，范仲淹不久就被挤出中央，兴学夭折，州县学徒有其名，而无其实。为了改变这种状况，王安石执政后，立即奏请恢复和整顿地方学校。

（3）恢复和创设武学、律学和医学。（3 分）

王安石先后恢复和创设武学、律学和医学，使北宋的专科学校教育进入了一个新的发展阶段。

（4）编撰《三经新义》作为统一教材。（3 分）

为了统一思想，王安石参与编撰了《三经新义》。自此，在“熙宁兴学”期间，《三经新义》不仅成为士子必须学习的官定统一教材，而且科举考试的基本内容和标准答案也都包含在其中。

32.【答案要点】

杜威是 20 世纪美国著名的教育家，在其代表作《民主主义与教育》中最集中、最系统地表述了他的教育理论。关于教育本质，杜威提出“教育即生活”“教育即生长”“教育即经验的改造”这三个命题，这是他教育理论的总纲领。

（1）“教育即生活”。在杜威看来，人不能脱离学校，也不能脱离眼前的生活。（5 分）

①教育即生活本身，而不是为未来生活做准备。

②学校生活应与儿童自己的生活相契合，满足儿童的需要和兴趣。

③学校生活应与学校以外的社会生活相契合，适应社会变化的趋势并成为社会发展的重要力量。

④杜威进一步提出“学校即社会”，意在使学校生活成为一种经过选择的、净化的、理想的社会生活，使学校成为一个合乎儿童发展的雏形的社会。

⑤要落实“学校即社会”，就必须改革学校课程。代表社会生活的活动性课程的引入是使学校与社会生活相关联的基本保证。

评价：杜威坚信教育是使社会进步和社会改革的基本方法，他的这些观点在当时教育严重脱离社会生活的情况下，有利于使教育参与生活，通过教育改造社会生活，这是有积极意义的。

（2）“教育即生长”。这是杜威针对当时教育无视儿童天性、消极对待儿童、不考虑儿童的需要和兴趣等弊端提出的。（5分）

①生长是一个持续不断的过程，没有终极目标。生长是机体与环境相互作用的结果，是持续不断的社会化的过程。

②杜威要求摒除压抑、阻碍儿童自由发展之物，使一切教育和教学适合儿童的心理发展水平和兴趣、需要。杜威要求尊重儿童，但反对放纵。

③以此为基础，杜威提出了著名的“儿童中心主义”教育原则，这也是他民主理想的反映。他认为儿童充分生长本身便是民主主义的要求，便含有丰富的价值意义。

评价：杜威批判传统教育不考虑儿童的心理特点，主张教育要重视儿童自身的能力和主动精神。这不仅击中了传统教育的一个要害，同时也阐明了学生在教育、教学过程中应具有主动地位这一规律性问题。

（3）“教育即经验的改造”。杜威把教育视为从已知经验到未知经验的连续过程。（5分）

①克服了经验与理性的对立。经验的过程是一个实验的过程、运用智慧的过程、理性的过程。

②拓宽了经验的外延。经验不只是知识的积累，更是构成人的身心各种因素的全面改造、全面发展、全面生长。

③强调经验过程中人的主动性。经验的过程是一个主动的过程，不单是有机体会受到环境的影响，有机体也会主动改造环境。

评价：杜威强调在教学中重视学生的主动性和创造性，注意学生的兴趣和需要，使学生主动地活动、积极地思考，这是很有借鉴意义的。但是他过于强调主观经验的作用，忽视了系统知识的传授，这是有失偏颇的。

三、材料分析题：第33~36小题，每小题15分，共60分。

33.【答案要点】

（1）“拼盘”式跨学科主题学习出现的原因：（5分）

①学科性与跨学科性的客观冲突。我国跨学科主题教学一直在“学科至上”与“去学科化”两种截然相反的倾向中摇摆。这实际上折射出学科与跨学科这两种不同属性、不同诉求在逻辑、立场上的客观差异，这一差异使得我们难以真正以主题为引领、以大单元为载体实现学科之间的深度融合。“跨而不合”或“合而不深”的“拼盘”只是其结果之一。

②主学科与相关学科不同立场的博弈。学科作为知识长期分门别类的结果，使得各门学科都拥有一套独特的观念、价值、思维和行为方式。有时为了彰显本学科与其他学科的差异，甚至还需强化这一点。这也导致我国基础教育各学科之间相互分立，各个学科经常“自扫门前雪”。

（2）“拼盘”式跨学科主题学习存在的价值：（5分）

①有利于克服教师的畏难情绪。跨学科主题学习的实施涉及提炼大概念、确定主题、明晰目标、细化大任务、设计评价、成果展示等一系列具体环节。这对教师提出了更高的要求，涉及其教育观念、知识结构、学习资源的开发能力、对跨学科学习的指导能力、教师间的合作能力、与家长和社区的沟通协作能力等各个方面。若暂时先开展这种层级较低、更简便、更容易操作的实践，不失为一种更稳妥的策略。在价值上，它可以作为更规范的跨学科主题学习的准备，也可消除实践者的畏难心理，从而有利于积极、稳妥地推进跨学科主题学习实践。

②有利于不同学力的学生进行跨学科主题学习。在学习内容比较适宜跨学科主题学习或者需要实施跨学科主题学习的情况下，对于准备尚不充分的学生，“拼盘”可能比较合适。

（3）开展跨学科主题教学的路径：（5分）

①以素养为锚点，凝练课程目标。在设计跨学科主题课程学习目标时，可以在核心素养目标的统领下，遵循“目标—评价”导向的逆向设计路径，依据各学科课程标准，比对学科核心素养，归并、统筹适合学生跨学科主题学习的目标，联动课程评价方式，实现核心素养的具象化。

②强化主题统领，优化课程结构。课程结构是课程体系的基本骨架，反映了课程体系中的课程要素及其关系。一个好的跨学科主题学习活动必然是以一个明显的主题为统领，有着衔接紧密的课程结构。师生参照这一主题和结构就能较为自然顺畅地完成学习活动的各项任务。

③创新课堂教学，探索实施路径。如采用“小（教室）中（学校）大（社会）课堂”一体化的教学方式，架构一体化的“小中大课堂”，倡导学生走出学校，将学生学习从校内延伸至校外。

34.【答案要点】

（1）因材施教是根据不同教育对象的不同特点和个性差异，采取不同的教育方法。其依据主要有以下几点：（8分）

①遵循学生的认知发展规律，因材施教。认知发展具有共同性和差异性。人类既有共同的认知发展规律，又有个体间的差异，共性中有个性，个性中又有共性。这就要求教师关注学生的心理发展差异性，不能用同一模式，而是用不同的方法教育学生。

②掌握学生的最近发展区，因材施教。最近发展区为教师提供了教学的作用范围。这就要求教师给具有不同最近发展区的学生安排不同的任务，以使所有学生都能够受到最有利于自身认知发展的挑战。

③依据建构主义学习理论，因材施教。建构主义学生观指出，学生不是空着脑袋进教室的，在日常生活和以往的学习中，他们已经形成了丰富的经验。这就要求教师遵循学生的发展特点，因材施教。

④依据人本主义学习理论，因材施教。人本主义心理学家罗杰斯倡导有意义的自由学习，教师是学生学习的促进者，为学生提供各种学习资源，提供一种促进学习的氛围，让学生自己决定如何学习。这就要求教师以学生为中心促进教学，因材施教。

（2）因材施教的教育意义主要有以下几点：（7分）

①因材施教有利于从学生的实际情况和个别差异出发，有的放矢地进行有差别的教学，促使教师更多地关注学生主体，分析学生的长处与不足，使每个学生都能扬长补短，获得最佳发展。

②因材施教有利于最大程度地激发学生的灵感，激发他们潜在的能力，让他们在学习的道路上不断品尝成功和超越的喜悦。

③因材施教有利于培养学生的学习兴趣，消除传统应试教育下对学生兴趣爱好的漠视，教师基于学生兴趣爱好的教学可直接激发学生的学习兴趣。

35.【答案要点】

（1）学校进行课程资源开发的方式：（5分）

①基于学校实际进行课程资源开发。案例中的学校根据其自身的情况因地制宜地进行了一系列劳动教育的实践与探索，环境创设就是其中一个方面。这体现了该学校基于学校实际进行课程资源开发，形成学校育人特色资源。

②基于学生立场进行课程资源开发。案例中的学校无论是从校园环境的创设还是从不同学科作业的布置，都立足于学生的实际，才会让学生“忙忙碌碌但乐在其中，不知不觉中巩固和提升了各学科的知识与技能”。

（2）案例中所体现的影响人身心发展的因素：（5分）

①环境对人身心发展的影响。案例中的学校进行育人环创就充分说明了良好的环境对人身心发展有积极影响，它为人身心发展提供了一定的外部条件。

②学校教育对人身心发展的影响。案例中的学校因地制宜地进行劳动教育的实践与探索，不同学科作业的布置也围绕劳动教育展开，变得更加生动，使学生提升了各学科的知识与技能，这都体现了学校教育在人身心发展中起着主导作用，能够整合各方面资源以促进学生的全面发展。

（3）劳动教育对学生全面发展的作用：（5分）

①通过劳动教育，学生可以获得有关劳动工具和劳动对象的知识，并在实践过程中将所学知识与实际生产劳动联系起来，有助于促进学生智力的发展。

②劳动实践对学生提出劳动纪律、劳动态度等要求，因而劳动教育有助于培养学生热爱劳动、爱护劳动果实等优良品质。

③劳动教育有助于促进学生机体的发育和发展，有助于增强学生的体质。

④劳动实践过程以及劳动成果中所包含的美的因素，有助于培养学生的审美意识、审美能力。

36.**【答案要点】**

（1）案例中包含了期望—价值理论（成就动机理论）、学习动机的强化理论、自我效能感理论和成败归因理论。（8分）

①焦老师经常提问且向不同特点的学生提问不同难度的问题体现了期望—价值理论（成就动机理论）。

②焦老师给予学生及时的反馈和鼓励体现了学习动机的强化理论。

③焦老师用言语说服和榜样行为的替代经验体现了自我效能感理论。

④焦老师帮助学生对成功和失败进行正确归因体现了成败归因理论。

（2）学习动机是引起和维持个体进行学习活动，并使活动朝向一定的学习目标，以满足某种学习需要的一种内部心理状态。学习动机的作用如下：（7分）

①引发作用。当学生对某些知识或技能产生迫切的学习需要时，就会引发学习内驱力，唤起内部的激动状态，产生焦急、渴求等心理体验，并最终引发一定的学习行为。

②定向作用。学习动机以学习需要和学习期待为出发点，使学生的学习行为在初始状态时就指向一定的学习目标，并推动学生为达到这一目标而努力。

③维持作用。学习动机水平高的学生能在长时间的学习活动中保持认真的态度和坚持把学习任务胜利完成的毅力，而学习动机水平低的学生则缺乏学习行为的稳定性和持久性。

④调节作用。学习动机调节学习行为的强度、时间和方向。如果行为活动未达到既定目标，学习动机还将驱使学生转换行为活动方向以达到既定目标。

2025 年 333 教育综合预测卷八
答案及解析

一、单项选择题：第 1~30 小题，每小题 2 分，共 60 分。

答案速查表

1.C	2.B	3.A	4.D	5.B
6.C	7.D	8.C	9.D	10.A
11.C	12.A	13.C	14.A	15.B
16.B	17.B	18.D	19.C	20.D
21.A	22.C	23.D	24.A	25.D
26.C	27.A	28.A	29.B	30.A

答案及解析

1.【答案】C

【解析】A. 显性功能：依照教育目的、任务和价值期待，教育在实际运行中所出现的与之相符合的功能。

B. 隐性功能：伴随显性教育功能所出现的，是教育非预期的且具有较大隐藏性的功能。

C. 保守功能：教育具有自身的结构，具有内在的稳定性和自身的逻辑性，不随社会的变化而变化，形成了教育自我保存的功能性和承继性，表现出教育重复、封闭、保守的一面。

D. 超越功能：教育的自我更新和变革，促进和引领了人类社会的发展。

题干的表述说明了教育具有保守功能。所以，本题答案选 C。

2.【答案】B

【解析】教育与科技的关系主要表现在：（1）科学技术对教育的影响：科学技术影响教育者的教育观念，提升其教学能力；科学技术也能影响教育对象；科学技术渗透到教育影响的所有环节之中。（2）教育的科技功能：教育是促进科技革命与发展、生产科学技术的重要手段；教育是科学知识再生产的手段。所以，科学技术可以渗透到教育活动的所有环节中去，为教育资料的更新和发展提供各种必要的思想基础和技术条件。所以，本题答案选 B。

3.【答案】A

【解析】文化知识之所以对人的发展至关重要，主要是因为它蕴含着有利于人的发展的多方面价值。文化知识能促进人的认识的发展、精神的发展、能力的发展、实践的发展。题干中，“他的认知就会很狭隘，认识必定很肤浅”说明知识能够促进人的认识的发展。所以，本题答案选 A。

4.【答案】D

【解析】“五育”融合是德育、智育、体育、美育和劳动教育在特定教学实践活动中交融与转化，进而实现教学创新及全面育人的过程。A、B、C 选项的描述更侧重于“五育”并举，而不是强调“五育”融合。所以，本题答案选 D。

5.【答案】B

【解析】A. 学校办学制度：也称“办学体制”，是指教育行政部门对各级各类学校的兴办进行管理和规范的一套制度体系。

B. 学校层级与类别制度：指一国的学校具有怎样的层级划分与类别划分，以及各种层级和类别与学校之间的关系。

C. 学校管理制度：指对学校管理权限、管理机构设置和各机构之间的关系以及学校管理方式等做出的制度规定。

D. 学校入学与修业年限制度：学校入学制度是指对学生入学年龄、条件的制度规定；学校修业年限依学校层级而定，与学生身心发展规律相适应。

根据题干可知，将普通高等院校细分为不同类别的学校属于学校层级与类别制度。所以，本题答案选 B。

6.【答案】C

【解析】美国学者古德莱德归纳出五种不同的课程。(1) 理想的课程：由一些研究机构、学术团体和课程专家提出应该开设的课程。(2) 正式的课程：由教育行政部门规定的课程计划和教材等。(3) 领悟的课程：任课教师所领会、理解的课程。(4) 实行的课程：在课堂上实际开展的课程。(5) 经验的课程：学生实际体验到的课程。根据题干可知，古德莱德所说的这种课程是最重要的课程，是被内化和个性化了的课程，即学生究竟受到了怎样的影响，他们获得了怎样的体验，属于经验的课程。所以，本题答案选 C。

7.【答案】D

【解析】存在主义课程论的主要代表人物之一美国学者奈勒认为，不能把教材看作为学生谋求职业做好准备的手段，也不能把它们看作进行心智训练的材料，而应当把它们看作用来作为自我发展和自我实现的手段。此外，存在主义者认为，人文学科应该成为课程的重点，因为人文学科比其他学科更深刻、更直接地表现了人的本性及人与世界的关系，更能洞察和发展人存在的意义。所以，本题答案选 D。

8.【答案】C

【解析】拓展型课程注重拓展学生的知识与能力，开阔学生的知识视野，发展学生各种不同的特殊能力并迁移到其他方面。例如，注重加强学生文学、艺术鉴赏方面的教育，拓展学生文化素质的文化素养课程和艺术团队活动；注重加强学生科学素质教育、培养学生理论与社会实践相结合能力的环境保护课程等。社区服务属于综合实践活动的基本内容。所以，本题答案选 C。

9.【答案】D

【解析】根据题干可知，苏老师持有课程实施的忠实取向。课程实施的忠实取向认为课程实施过程就是忠实地执行课程计划的过程，衡量课程实施成功与否的基本标准是课程实施过程对预定的课程计划的实现程度。所以，本题答案选 D。

10.【答案】A

【解析】直观性原则是指在教学中通过引导学生观察所学事物或图像，聆听教师用语言对所学对象的形象描绘，形成有关事物具体而清晰的表象，以便理解所学知识。贯彻该原则的基本要求有：（1）正确选择直观教具和现代化教学手段；（2）直观要与讲解相结合；（3）防止直观的不当与滥用；（4）重视运用语言直观。根据题干可知，教师用电视剧来展示演员形象反而固化了学生的想象，说明教师对直观运用不当，没有遵循好直观性原则的基本要求。所以，本题答案选 A。

11.【答案】C

【解析】A. 教学方式：教师意图完成教学内容、传递任务的手段和途径。

B. 教学手段：教师将教学内容传授给学生所借助的各种形式和条件的总和。

C. 教学组织形式：为完成特定的教学任务，教师和学生按一定要求组合起来进行活动的结构。

D. 教学环境：影响教学活动的客观条件，一般包括物质环境和精神环境两个方面。

根据题干可知，课堂座位排列形式的变化属于教学组织形式的改革。所以，本题答案选 C。

12.【答案】A

【解析】学生学业成就评价的发展趋势有：（1）质性评价逐渐统整量化评价；（2）功能由侧重甄别转向注重发展；（3）注重情景性和真实性（强调学生有效解决生活场景中的真实问题的能力）；（4）兼顾学生个性化表现与合作能力；（5）强调学生解决问题的过程及结论。所以，本题答案选 A。

13.【答案】C

【解析】教育是人类社会特有的一种社会实践活动，在动物界也存在着某种模仿和训练，但是这与人类教育存在着本质上的不同。动物界没有人类这样高级的语言、符号系统，所有的活动只停留在个体层次上，无法将经验类化。人类具有高级的语言、符号系统，能够将经验类化。所以，本题答案选 C。

14.【答案】A

【解析】《完善中华优秀传统文化教育指导纲要》指出：加强中华优秀传统文化教育，必须全面贯彻党的教育方针，积极培育和践行社会主义核心价值观，围绕立德树人根本任务，以弘扬爱国主义为核心的团结统一、爱好和平、勤劳勇敢、自强不息的民族精神为主线。所以，本题答案选 A。

15.【答案】B

【解析】教师劳动具有巨大的社会价值：从宏观上看，突出地表现在教师劳动对延续和发展人类社会的巨大贡献上；从微观上看，教师的劳动关系到年轻一代每个人的发展和幸福。教师劳动还具有极其丰富的个人价值，有一般的劳动所享受不到的乐趣。这也是孟子为什么会说“君子有三乐”，“得天下英才而教育之”便是其中一乐。所以，本题答案选 B。

16.【答案】B

【解析】孔子热爱教育事业，敏而好学，具有丰富的实践经验，重视道德修养，因而具备作为优秀教师的品质和条件。他曾说，自己只做到了“学而不厌”“诲人不倦”两个方面，实际上这也是他所主张的作为教师应具备的基本条件。所以，本题答案选 B。

17.【答案】B

【解析】元朔五年，汉武帝采纳董仲舒的建议，为博士置弟子，标志着太学的正式设立。同时，也意味着以经学教育为基本内容的中国封建教育制度的正式确立。所以，本题答案选 B。

18.【答案】D

【解析】科举制自隋炀帝时期产生后，就被不断探索，经唐代 200 多年的发展，形成帖经、墨义、口试、策论、诗赋五种考试方法。“帖经”类似于现在的填空题；口问大义简称“口义”，就是口试，有时改变方式用笔试，简称“墨义”。这三种方式都是对经义识记能力的简单考查，从唐代到清末多次被取消，所以科举考试中最常用的考试方式是策论和诗赋。所以，本题答案选 D。

19.【答案】C

【解析】为了培养“实才实德之士”，在教育内容上，颜元提出了“真学”“实学”的主张。晚年，他曾规划漳南书院设置六斋，实行分斋教学，并规定了各斋的具体教育内容。六斋分别是文事斋、武备斋、经史斋、艺能斋、理学斋、帖括斋。颜元“真学”“实学”的教育内容，无论是在广度上，还是在深度上，都大大超越了“六艺”教育。所以，本题答案选 C。

20.【答案】D

【解析】1925 年 11 月，北洋政府教育部颁布《外人捐资设立学校请求认可办法》。其内容有：（1）外人捐资设立学校须遵守中国法令，并获教育部许可。（2）学校名称上应冠以私立字样。（3）学校校长须为中国人。如校长原是外国人，必须请中国人任副校长。（4）学校董事会中，中国人应占多数。（5）学校不得以传布宗教为宗旨。（6）学校课程不得将宗教科目列入必修科。所以，本题答案选 D。

21.【答案】A

【解析】A. 培养演说家或雄辩家：古希腊罗马时代修辞学校（也称雄辩术学校）的培养目标。

B. 培养农民和军人：古罗马共和时期的教育目的。

C. 培养身心和谐发展的国家公民：古希腊雅典的教育目的。

D. 培养勇猛善战、保家卫国的战士：古希腊斯巴达的教育目的。

根据题干可知，古希腊罗马时代修辞学校培养的是演说家或雄辩家。所以，本题答案选 A。

22.【答案】C

【解析】西欧中世纪时期，一般由一名（或数名）在某一领域有声望的学者和他的追随者自行组织起来，形成类似于行会的团体进行教学和知识交易，这种自治的教授和学习中心是中世纪大学。为新兴市民子弟开办的学校的总称是城市学校，其种类有行会学校、基尔特学校。堂区学校是在堂区教士所在的村落开设的普通学校，由教会举办，面向一般世俗群众，是中世纪欧洲最普遍的学校教育形式。所以，本题答案选 C。

23.【答案】D

【解析】《课程宪章》强调法国今后仍坚持中央集权制的课程管理体制。所以，本题答案选 D。

24.【答案】A

【解析】A. 出现了以泛爱主义为宗旨、创办“泛爱学校”的教育活动——近代德国教育发展的表现。

B. 教育管理权力高度集中，设立了帝国大学——近代法国教育发展的表现。

C.《工厂法》的实施在一定程度上改善了工人阶级子女的受教育状况——近代英国教育发展的表现。

D. 创办了一所文实中学，既对青年施以升大学的预备教育，又教给学生就业所需的知识——近代美国教育发展的表现。

根据题干可知，只有 A 项是关于近代德国教育的正确表述。所以，本题答案选 A。

25.【答案】D

【解析】日本明治维新时期建立了中央集权式的教育管理体制。《学校教育法》废除了中央集权制，实行地方分权。所以，本题答案选 D。

26.【答案】C

【解析】A. 接受学习：由教师引导学生接受事物意义的学习，其内容基本上是以定论的形式讲授给学生的，有时也称讲授教学。

B. 操作性条件学习：在个体做出某种反应之后，这种反应因此而获得了某种强化物而产生的学习。

C. 发现学习：学习者用自己的头脑亲自获得知识的一切形式。人类个体经验的获得源于学习活动中主体对经验的直接发现或创造，并非由他人的传授而得，又称创造学习。

D. 观察学习：个体通过观察他人（榜样）所表现的行为及其后果学会某种复杂行为。

根据题干可知，学生是用自己的头脑亲自获得三角形的面积公式，属于发现学习。所以，本题答案选 C。

27.【答案】A

【解析】德维克区分了人的两种能力内隐观，即能力实体观和能力增长观，从而把学生分为表现目标定向和掌握目标定向。能力实体观认为能力是固定的、不可改变的；能力增长观认为能力是不稳定的、可以控制的，可以随着知识的增长、技能的训练而不断提高。表现目标定向的学生认为，学习是为了做给别人看或向别人证明自己的能力，因此倾向于将学业的成败归因于能力。所以，本题答案选 A。

28.【答案】A

【解析】知识的表征是知识在头脑中的储存和转化的方式。

A. 图式：有组织的知识结构，即关于某个主题的一个知识单元，包括与该主题相关的一套相互联系的基本概念，构成了感知、理解外界信息的框架结构。

B. 命题：意义或观念的最小单元，通常由论题和关系两个成分构成。

C. 表象：人们头脑中形成的与现实世界的情境相类似的心理图像，是对事物的物理特征做出连续保留的一种知识形式，是人们保存情境信息与形象信息的一种重要方式。

D. 产生式：程序性知识的主要表征方式，是指条件—动作的配对，即“如果某种条件满足，那么就执行某种动作”的知识。

题干中，儿童对猫的理解是关于猫的一个知识单元。所以，本题答案选 A。

29.【答案】B

【解析】A. 复述策略：在工作记忆中为了保持信息，运用内部言语在大脑中重现学习材料或刺激，以便将注意力维持在学习材料之上的策略。

B. 精细加工策略：通过把所学的新信息和已有的知识联系起来以增加新信息意义的策略。

C. 组织策略：整合所学的新知识之间、新旧知识之间的内在联系，形成新的知识结构的策略。

D. 元认知策略：对信息加工流程进行控制的策略。

题干中强调细致分析单词的词根、词缀对于记忆的作用，属于精细加工策略。所以，本题答案选 B。

30.【答案】A

【解析】A. 谐音联想法：利用视觉表象和语义联想去记住一系列材料，更侧重于所记材料与谐音一一对应。

B. 关键词法：将新词或概念与相似的声音线索词通过视觉表象联系起来。

C. 首字联词法：利用每个词或每句话的第一个字形成一个缩写，如歌谣口诀、简语。

D. 位置记忆法：将所记项目与熟悉的某种位置顺序联系起来。

根据题干可知，该学生的记忆方法属于谐音联想法。所以，本题答案选 A。

二、论述题：第 31~32 小题，每小题 15 分，共 30 分。

31.【答案要点】

“癸卯学制”是中国近代由中央政府颁布并首次得到施行的全国性法定学制系统。该学制仿照日本学制，学制主系列划分为三段七级。学制总年限为 20~21 年，实施五年义务教育，并将幼儿教育纳入学制系统。（2 分）

“壬子癸丑学制”，即“1912—1913 年学制”，是中国近代第一个资产阶级性质的学制。该学制仿照日本学制，学制主系列划分为三段四级。学制总年限为 17~18 年，实施四年义务教育，小学男女同校，中学设置女子中学，以“小学—大学”教育为骨干，兼重师范教育和实业教育。（3 分）

与“癸卯学制”相比，“壬子癸丑学制”的进步之处体现在以下几个方面：（10 分）

（1）性质：实现了封建性质向资产阶级性质的转变。

“壬子癸丑学制”是中国近代第一个资产阶级性质的学制。它取消了对毕业生奖励科举出身的教育政策，废止了清末高等教育中所谓的保人制度，大学不设经科，有利于消除教育中的封建等级性。

（2）学校系统：对学校体系做了相对完整的设计。

从学制的结构及内容来看，“壬子癸丑学制”的基础教育、高等教育、实业教育、师范教育等教育类别都有了雏形，而且小学、中学、大学各个阶段也都有了清晰的划分。中学废除文、实两科，取消高等学堂，只设大学预科。

（3）学制年限：缩短了3年，易于普及教育，使普通教育向平民化发展。

与清末“癸卯学制”相比，“壬子癸丑学制”的总年限缩短了3年，这加快了人才培养的速度，有利于普通教育的普及和平民化发展。

（4）课程内容和教学方法：突出实用性与科学性。

在课程内容方面，取消了“忠君”“尊孔”课程，不再局限于传统的经典著作，而是增加了自然科学课程和生产技能的训练，知识体系进一步开放化和实用化。在教学方法方面，反对体罚，使教育更加联系儿童实际，适合儿童的身心发展。

（5）教育对象：女子享有与男子平等的法定教育权。

改变先前学制排斥女性的传统，不分男女儿童，都应接受义务教育，初等教育阶段可以男女同校，设立专门的女子中学、女子师范学校等。这突破了封建礼教对女性的限制，体现了资本主义文化中的男女平等观念。

32.【答案要点】

新传统教育派教育思潮是20世纪30年代在欧美国家出现的教育思想，包括要素主义教育、永恒主义教育和新托马斯主义教育。

（1）要素主义教育。（5分）要素主义教育的代表人物有美国教育家巴格莱、科南特。它的主要观点如下：

①学校课程的核心是人类文化遗产的共同要素。

②教学过程必须是一个严格的训练智慧的过程。

③学生在学习上必须刻苦和专心。

④教师应该是整个教育过程的权威人物。

影响：要素主义教育对美国的学校教育产生过重要影响，但它也存在一些不足，如较少考虑到学生的个别差异和能力水平等，因而受到一些社会和教育界人士的抨击。

（2）永恒主义教育。（5分）永恒主义教育的代表人物有美国的赫钦斯、艾德勒，英国的利文斯通和法国的阿兰。它的主要观点如下：

①教育的性质是永恒不变的。

②教育的主要目的是培养永恒的理性。

③永恒的古典学科应该在学校课程中占据中心地位。

④学生通过教师的教学进行学习。

影响：永恒主义教育对“进步教育”的批判比要素主义教育更加激烈，但从整体来看，它并没有提出什么样的价值判断标准。它在教育理论上有一定的影响，但在教育实践中的影响范围并不大，主要限于大学和上层知识界中的少数人。特别是由于永恒主义教育的复古态度，把学生的学习仅限于古典著作，遭到了许多人的批判。

（3）新托马斯主义教育。（5分）新托马斯主义是提倡宗教教育的一种理论，主张把教会的权力提高到至高无上的地位，把宗教教育作为教育的核心和最高目标。它的主要观点如下：

①教育应该以宗教为基础。

②教育的目的是培养真正的基督徒和有用的公民。

③学校课程以基督教精神为基础。

④教育应处在教会的严密控制之下。

影响：新托马斯主义教育家在强调宗教教育的同时，也尝试提出“现代化”“世俗化”的口号，因此在欧美国家的一些学校里曾产生了一定的影响。但作为一种提倡宗教教育的教育思潮，新托马斯主义教育有着连它自己也难以自圆其说的矛盾，因而必然会陷入难以自拔的窘境。

三、材料分析题：第33~36小题，每小题15分，共60分。

33.【答案要点】

（1）人口变化对教育的影响：（3分）

①人口数量对教育的影响。一定的人口数量和增长率会影响教育事业发展的规模和速度。当人口增长过快时，必然会要求扩大教育的规模、提升教育的速度，以满足人们受教育的需要，反之亦然。

②人口结构对教育的影响。人口的年龄结构会影响各级各类学校在教育系统中的比例，学龄人口下降则会影响各级各类学校的教育布局。

③人口质量对教育的影响。人口质量对教育质量的影响表现为直接和间接两个方面：直接影响是指入学者已有的水平对教育质量的影响；间接影响是指年长一代的人口质量影响新生一代的人口质量，进而影响以新生一代为教育对象的学校教育质量。

（2）人口变化趋势为教育高质量发展提供了以下契机：（6分）

①生均教育资源占比提高，使得一些地方小班化教学成为可能。小班化教学可以提供更具个性化、更有针对性的教育服务，这对于培养学生的创新思维、提升教育质量，会起到一定的积极作用。

②学龄人口下降扩大了优质教育资源的覆盖面，也为推动区域教育均衡发展提供了现实条件。

③学龄人口变动为优化教师资源配置、保障教育高质量发展提供了契机。

（3）优化教育资源配置的策略：（6分）

①推进托幼一体化建设。学前教育学龄人口减少，一些幼儿园容易出现招生困难。针对这个情况，可以推进托幼一体化建设。

②做好长期教育资源配置规划。在少子化和城镇化背景下，乡村学校的生源数量进一步减少。针对这个情况，可以进一步优化乡村基础教育资源布局，如充分利用乡村闲置校舍资源，将闲置校舍转化为乡村社区文化中心等场所。

③加大学段、区域之间的教育资源共享。通过资源共享来提高教育资源的统筹使用力度，提高教育资源利用率，避免教育资源浪费。

④推动教师校长交流轮岗。为解决教师资源供需矛盾，需要更好地统筹推进城乡教师在数量、质量、结构上的均衡配置。

34.【答案要点】

（1）马斯洛需要层次理论认为，个体行为的动机都是在需要发生的基础上才被激发起来的。七种需要有分类化和层次化的特点：（8分）

①分类化。马斯洛把七种需要分为缺失性需要和成长性需要。a. 缺失性需要：生理的需要，即维持生存和延续种族的需要；安全的需要，即受保护与免遭威胁、获得安全感的需要；归属与爱的需要，即被人接纳、爱护、关注、鼓励、支持的需要；尊重的需要，即希望被人认可、关爱、赞许等维护个人自尊心的需要。材料中，"改善儿童营养状况，增强儿童身体素质"体现了生理的需要，"减少环境污染对儿童的伤害"体现了安全的需要，"引导家庭建立有效的亲子沟通方式"体现了归属与爱的需要。b. 成长性需要：求知和理解的需要，即探索、摆弄、试验、阅读、询问等个体对自己不理解的东西寻求理解的需要；审美的需要，即欣赏、享受美好事物的需要；自我实现的需要，即个人理想全部实现的需要，是最高层次的需要。

②层次化。各种需要不仅有高低层次之分，也有先后顺序，较低级的需要必须部分得到满足之后才能出现对较高级需要的追求。材料中提到的缺失需要满足后，儿童才会有求知和理解的需要、审美的需要和自我实现的需要等这些成长性需要。缺失性需要使我们得以生存，成长性需要使我们能更好地生活。因此，要促进儿童求知、提高审美和追求人生价值的实现，需要先满足儿童的缺失性需要。

（2）奥苏伯尔将学校情境中的成就动机分为认知内驱力、自我提高内驱力和附属内驱力。认知内驱力，是指个体在要求理解、掌握知识以及系统地阐述问题或解决问题的需要的基础上产生的一种内驱力；自我提高内驱力，是指个体在通过胜任某些活动而获得他人尊敬的需要的基础上产生的一种内驱力；附属内驱力又称交往内驱力，是指个体在希望获得或保持他人认可、赞许、关心、支持或友谊的需要的基础上产生的一种内驱力。（2分）

奥苏伯尔的学习动机理论与马斯洛的需要层次理论的联系与区别如下：（5 分）

①联系。从马斯洛的理论角度看，奥苏伯尔的附属内驱力和自我提高内驱力属于缺失性需要，认知内驱力属于成长性需要。二者都强调内部动机的作用。

②区别。奥苏伯尔作为认知理论的代表人物，从认知的角度阐述了其动机理论，认为动机是建立在认知过程基础之上的；马斯洛需要层次理论属于人本主义动机理论，更加侧重个体内在潜能的实现，实现的需要即动机。

35.【答案要点】

（1）案例中课例设计的特点：（5 分）

①生活性（现实性）。案例中，数学老师的设计贴近了学生的生活实际，与学生的生活经验密切相关，体现了课例设计的生活性。

②综合性。数学老师将数学课堂与中华优秀传统文化相结合，将中华优秀传统文化有机融入数学课堂，体现了课例设计的综合性。

③探究性。数学老师设计的问题具有一定的开放性，可以激发学生进行思考、探索、创造，体现了课例设计的探究性。

④趣味性。由于这样的课例设计，教室变成了欢乐的海洋，说明数学老师的设计调动了学生学习的兴趣，体现了课例设计的趣味性。

（2）案例中教师所采用的教学方法是讨论法。讨论法是学生在教师指导下为解决某个问题而进行探讨、评析，以明辨是非、获取真知、锻炼思维和独立思考能力的方法。根据案例可知，数学老师为了让学生学习如何根据生肖算出年龄，从而设计了贴近学生生活实际的问题，引发了学生的积极思考。（5 分）

（3）新时代教师应具备的素养：（5 分）

①高尚的师德。教师要热爱教育事业、热爱学生、热爱集体、严于律己。案例中，数学老师针对自己观察到的现象，积极思考教学问题并设计符合学生兴趣的课堂，这说明他是真正热爱教育事业、热爱学生。

②宽厚的文化素养。案例中，数学老师为了让学生真正学明白，自己先查阅了大量有关生肖的书籍，丰富自己关于这方面的知识，从而能够在课堂上将中华优秀传统文化与数学教学相融合。

③专门的教育素养。它包括教育理论素养、教育能力素养、教育研究素养。案例中，数学老师的课例设计足以说明作为一个教师需要具备专门的教育素养，才能有效完成教学任务。

④创新素养，主要表现为创新意识、创新思维、创新能力、创新人格。教师的劳动具有创造性，案例中，数学老师将中华优秀传统文化融入数学课堂表明了教师需要具备创新素养。

36.【答案要点】

创造性也称创造力，是指根据一定的目的和任务，运用一切已知信息，开展能动的思维活动，产生出某种新颖、独特、具有社会或个人价值的产品的品质。培养学生的创造性可从以下几方面着手：（15分）

（1）形成创造意识。创造意识是创造活动的强大推动力。只有当个人具有自觉的创造意识时，才易产生新思想、新方法、新观点。案例中，“胡老师说：‘同学们，我们都是未来城市的建设者、创造者’”是引导学生形成创造意识的表现。

（2）开发创造性思维。创造性思维是创造性的核心。教师可使用脑激励法、分合法、自由联想技术等开发学生的创造性思维。案例中，“胡老师把学生分成若干小组，每组围绕一个特定的主题进行头脑风暴”是开发学生创造性思维的表现。

（3）发展批判性思维。批判性思维是敢于质疑的创造性思维，是在主动思维中对已知或结论等积极辨析、判断，并能有根据地做出肯定接受或否定质疑的断定，在评判中形成主观结论较为全面的思维。发展批判性思维，教师应改变观念、鼓励质疑、倡导辩论争鸣和创设想象情境。案例中，“胡老师引导学生辩论，对这些设想进行分析和评估，大胆质疑”是发展学生批判性思维的表现。

（4）培养创造性个性及独创精神。创造性个性是指具有创造的意向、创造的情感、创造的意志和创造的性格等独特的心理品质。教师要保护学生的好奇心，消除学生对犯错误的恐惧心理，培养学生的冒险精神和挑战精神，鼓励独创性与多样性。案例中，胡老师引导学生辩论，大胆质疑等是培养学生创造性个性及独创精神的表现。

（5）激发创造动机。创造动机是个体激发和维持创造行为的内在动力。案例中，“课堂结束后，胡老师对积极参与讨论、提出有创造性方案的学生给予表扬”是激发学生创造动机的表现。

ISBN 978-7-121-48917-4
9 787121 489174 >